JN235020

素材の旨みを最大限に引き出せる鍋

「ストウブ」の
おいしい使いこなし
レシピ

川上文代

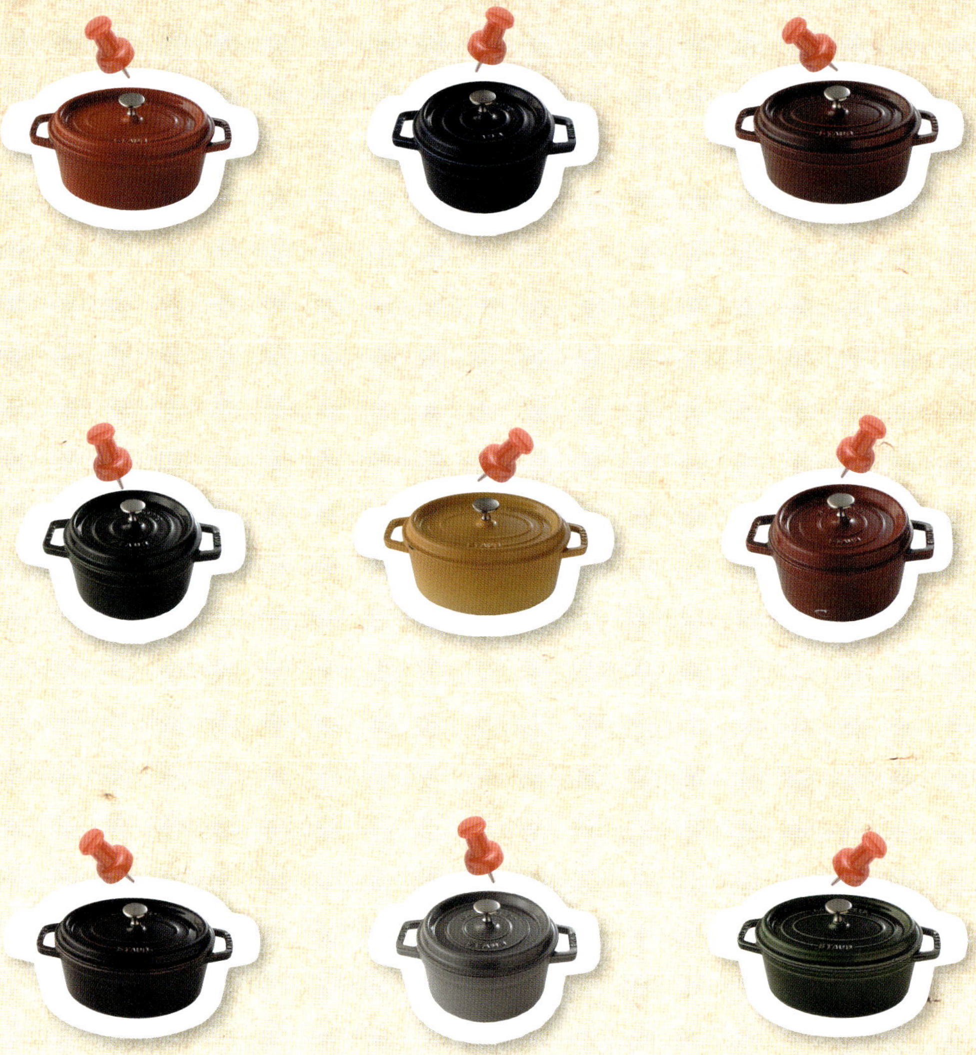

はじめに

　私がストウブ鍋と始めて出会ったのは、1990年のパリの調理器具屋さんでした。壁には、世界のレストランの頂点に立つ、三ツ星レストランのシェフであるポール・ボキューズ氏やジョエル・ロブション氏のポスターが貼られていました。
　店内の一角にはコーナーが設けられ、当時はブラックのみだった大小の鍋が積まれており、鍋やピコについての良さなどが大々的にアピールされていました。"どんなに良いのか実際に使ってみたい！"と何度も手に取りましたが、フランスから日本に持ち帰るには重すぎて、断念せざるをえなかった悔しかったことを思い出します。
　現在は形やカラーバリエーションも豊富に揃い、どの色もモダンで、中に入るお料理やテーブルに合わせて各色揃えておきたいくらい。キッチンに飾っておくだけでも素敵です。
　機能性も抜群で、豆や根菜やお肉など、ふっくらおいしく煮上がり、炒め物をしても鍋底に焦げつくことなくきれいに焼けます。
手をかけずとも、素材がもつ力を鍋が最大限に生かしてくれるのです。
　また、保温力が高く、一度沸騰したら、ふたをしてそのまま置いておくだけでお料理が仕上がってしまう点も、これからの時代に合ったエコな鍋と言えます。
　ガス・オーブン・IH調理器に対応し、鍋の厚みや重さ、ふたの密閉度、黒マットエマイユ加工、ピコの役割など、実によく考えられており、料理が仕事の私にとっても、使うほどに魅力的で手放せない鍋だと感じさせられています。
　皆様も、この素晴らしい鍋の特徴を生かして、おいしいお料理をたくさんおつくりいただければと思います。

川上文代

Contents

はじめに……………………………………… 2

ストウブで作った料理が
おいしくなる理由………………………… 6

ストウブ鍋の得意料理いろいろ………… 8

Part 1　煮る　11

和風ビーフシチュー……………………… 12
モツのイタリアン煮込み………………… 14
ボルシチ…………………………………… 15
塩漬け豚肉入り　ロレーヌ風ポテ……… 16
洋風サムゲタン…………………………… 17
ハンバーグのクリーム煮………………… 18
ミルフィーユ仕立てのロールキャベツ…… 19
牛すじの煮込み…………………………… 20
カムジャタン……………………………… 21
いか飯……………………………………… 22
豆のインドカレー………………………… 23
黒豆＆白いんげん豆の煮豆……………… 24

Part 2　蒸し煮　25

ラタトゥイユ……………………………… 26
たまねぎのファルシ……………………… 27
シュークルート…………………………… 28
プラムと豚肉の蒸し煮…………………… 29
ポークビーンズ…………………………… 30
リエット…………………………………… 31
魚介の海藻蒸し…………………………… 32
魚介のタブーレ…………………………… 33
かぼちゃの煮物…………………………… 34
さんまの有馬山椒煮……………………… 35
ごぼうと鶏肉の蒸し煮…………………… 36

Part 3　蒸し焼き　37

無水ビーフカレー………………………… 38
豚フィレ肉とベーコンの
柚子こしょうロール……………………… 40
鶏もも肉と鶏ムースの蒸し焼き………… 41
スペアリブの蒸し焼き　中華風………… 42
ローストビーフ…………………………… 43
豚肉とりんごのノルマンディ風………… 44
パスタとお肉の蒸し焼き………………… 45
魚の蒸し焼き……………………………… 46
マグロとセロリのローST韓国風………… 47
カキと白菜の重ね蒸し…………………… 48
塩焼き卵
野菜の蒸し焼き…………………………… 49
蒸し野菜のフォンデュ風
ミニパプリカの詰め物…………………… 50

Part 4　揚げる　51

- さといものてんぷら………………… 52
- 鶏骨付きもも肉のコンフィ………… 53
- 鶏レバーとレモンと
- 丸ごとにんにくの香味オイル……… 54
- 自家製しっとりツナ………………… 55
- わかさぎのフレッシュハーブオイル煮
- イタリアン・ミートボール………… 56
- ミルフィーユ仕立ての梅しそとんかつ…… 57
- きのことエビのスパイスオイル…… 58

Part 5　燻製　59

- スパゲッティ・カルボナーラ……… 61
- 温燻の方法…………………………… 60
- 豚肉の燻製
- ラムと鴨の燻製……………………… 62
- タコ、ホタテ、カキの冷燻………… 63
- サーモンの冷燻……………………… 64
- チーズの冷燻………………………… 65
- 厚揚げと野菜の燻製………………… 66

Part 6　炊く　67

- ご飯…………………………………… 68
- 玄米おにぎり………………………… 70
- ふっくら香ばしい鯛めし…………… 71
- きのこのリゾット…………………… 72
- いわしのパエリア…………………… 73
- 中華粥、塩卵添え…………………… 74
- むかごご飯…………………………… 75
- ふっくら中華おこわ………………… 76

Part 7　その他　77

- ピッツア・マルゲリータ…………… 78
- フォカッチャ
- アッシェ・パルマンティエ………… 79
- カネロニ……………………………… 80
- スパニッシュオムレツ……………… 81
- グリル野菜…………………………… 82
- 卵のフラメンカ風…………………… 83
- さつまいもときのこのポットパイ… 84
- 春巻き皮のカップグラタン………… 85
- 蒸し野菜と魚介のゼリー寄せ……… 86
- ココット・デュ・リ・オ・レ……… 87
- キウイジャム＆オニオンジャム…… 88
- 豚肉とナッツのパテ………………… 89
- チョコ・フランボワーズのスフレ… 90
- 柿のタルトタタン風………………… 91
- チーズのクレームブリュレ………… 92
- パンプディング……………………… 93
- レモンバターケーキ………………… 94
- しっとりチョコレートケーキ……… 95

本書のルール

- 大さじ1＝15㎖、小さじ1＝5㎖、1合は180㎖、1カップは200㎖。
- 火加減は特に表記が無い場合は中火です。
- 塩は精製塩、砂糖は上白糖、小麦粉は薄力粉を使っています。
- Part1〜6 (p11〜76)ではストウブ社製「ピコ・ココット」、ラウンド20cm、またはオーバル23cmを使用しています。
- Part7 (p77〜95)は上記2種とは異なる、または異なる形状のストウブ鍋を使用しております。
- 本誌に掲載している鍋は2011年10月30日現在のものです。鍋の長さやカラーなどは変更されている場合がございます。

※詳細はhttp://www.staub.jp/でご確認ください

ストウブで作った料理がおいしくなる理由

世界中のプロに愛される鍋

「ポール・ボキューズ」オーナーシェフ
ポール・ボキューズ氏

世界中のグルメたちを魅了してやまないフランス料理界の巨匠、ヌーベル・キュイジーヌの旗手とも言われるポール・ボキューズ氏。同氏は1965年から、自身がオーナーシェフを務める世界で最も有名なレストラン「ポール・ボキューズ」にてミシュランの三ツ星を維持し続けており、フランスで料理人として初めて、レジオン・ドヌール勲章を授与されました。
ストウブの鍋は1974年、同氏との共同開発により生まれた最高峰ブランドの製品であり、日本でも活躍中のジョエル・ロビュション氏をはじめ、アラン・パサール氏、ギィ・サヴォア氏などの世界中の三ツ星シェフに愛用されています。

フランス・リヨン郊外にある氏のレストランはミシュラン三ツ星を40年維持している。

秘密は……セルフ・ベイスティング・システム

鍋の中の食材は、加熱により旨みを含んだ蒸気を発します。この蒸気が、外部に漏れることなく、外気に冷やされた鍋のふたに触れて、冷やされ、液化し、ふたの裏につくられた無数の突起・ピコを伝ってまんべんなく食材に落ちていきます。これをセルフ・ベイスティング・システムと呼びます。調理中、ずっとこのシステムが繰り返され、食材の水分、旨みがきっちりと凝縮された料理ができあがるのです。

ストウブ鍋の特徴

❶ 水平なふた、ふたの裏側についたピコ
❷ 熱に強いニッケル、もしくは真鍮(しんちゅう)のつまみ
❸ 黒マットエマイユ加工された内側
❹ 厚い鋳鉄製
❺ さまざまな熱源で調理可能

✤ 特徴その1 ✤

水平なふた、
ふたの裏側についたピコが
素材の味を逃がしません。

ふたの裏側のピコ（突起）により旨みを含んだ蒸気を自動的に循環するセルフ・ベイスティング・システムを備えています。そして、厚みのある鋳鉄のため熱を均等に伝え、熱が逃げにくく風味やビタミンも逃しません。

✤ 特徴その2 ✤

ふたのつまみは、
超高温にも
耐えられる
素材です。

ふたをしたままオーブンにも使えます。鋳物なのでもちろん耐久性、耐熱性に優れ、可愛らしい形をしたつまみもオプションでお選びいただけます。（ブラック対応の金色のつまみが真鍮製。カラー対応の銀のつまみがニッケル製）

✤ 特徴その3 ✤

油分の馴染みやすい
黒マットエマイユ加工された
内側

ストウブ独自の薄く多孔質の黒マットエマイユ加工（表面はザラザラしています）は、従来のホウロウ加工とは異なり、表面がザラザラしているため細かい脂の粒子が鋳鉄になじみ、焦げつきを防ぎます。汚れ落ちも良く後処理も簡単です。

✤ 特徴その4 ✤

熱伝導性・保温性が高く
経済的でエコロジーな
厚い鋳鉄製

厚い鋳鉄で保温性が高いストウブの鍋は、火を止めてからも調理は続きます。まんべんなく熱が回るのでムラなく調理でき、煮くずれもしづらく、味が良く染み込みます。そのまま食卓に出しても温かいまま召し上がれます。

✤ 特徴その5 ✤

さまざまな熱源で調理可能

ガスや炭などの直火はもちろん、IH調理器（100v、200v）、シーズヒーター、ハロゲンヒーター、オーブンなどの熱源に対応可能です。食洗機もお使いいただけます。

ストウブ鍋の得意料理いろいろ

煮る

ふっくら柔らかく煮上げる

ストウブの鍋は、厚く重たい鋳物でつくられているため、ふたを閉めると適度な圧力がかかり、中身をふっくらと、柔らかく仕上げることができます。保温性も高く加熱した後、ふたを閉め、火を消して放置すると、ごくとろ火でじっくりと調理したような仕上がりになります。硬いすね肉などもほろりとくずれる柔らかさに煮上がり、野菜や豆は煮くずれせずにほくほくに火が通ります。煮汁が少なくても調理できるため、ヘルシーでエコな料理ができることも魅力です。

蒸し煮

甘み引き出し、栄養そのまま

ストウブの鍋は、ふたの重たさにより気密性が高くなるのも特徴のひとつです。湯気が外に漏れず、ピコを伝って戻るため、素材がもっている水分だけ、あるいは、ほんの少し水分を加えるだけで蒸し煮ができます。余分な水分を加えずに加熱した料理は、素材の旨みがギュッと濃縮され抜群のおいしさに仕上がります。また、ふたをして、火を消し、放置する調理法は、素材を加熱しすぎることがないため、栄養が壊れにくく野菜などの甘みも、ぐんと引き立ちます。

蒸し焼き

素材の水分、蒸気で調理

鍋から上がる蒸気は良い香りがしますが、実はそこに旨みがたっぷりと含まれています。ストウブのふたは平たくつくられており、そこにある無数の突起・ピコが、食材から生まれた「おいしい蒸気」を水分に戻し、食材にまんべんなくふりかける働きをします。そのため、ぱさつきがちな鶏の胸肉や、脂の少ない肉などもジューシーに仕上げることができるのです。また、焼きいもや、ベイクドポテト、水なしの焼き卵もほくほくとしたおいしさが楽しめます。

揚げる

芯までしっかり火を通す

保温力の強いストウブの鍋は、一度鍋が加熱されると、簡単には温度が下がりません。揚げ油の温度が保たれるため、少ない油でも、表面はカラッと、中はしっとり。芯までしっかりと火が通るのです。そのため、一般的には難しいとされる、骨つきの鶏もも肉でも上手に揚げることが可能です。じっくりと煮るような加熱調理も得意なので、香味野菜やスパイスなどの香りを油に移すことも簡単。ホームメイドのラー油なども手軽につくれます。

燻製

高いシーリング効果

ストウブのふたは重たいため、シーリング効果が高く、中の煙もシャットアウトし、外に逃がしません。また、熱に強く火のついたスモークウッドを中においても大丈夫です。しかも、内部は丈夫で汚れのつきにくい黒マットエマイユ加工がされているため、燻製後のお手入れも簡単です。煙を気にすることなく、誰でも気軽に、食べたくなったらいつでも、添加物を使わない安心な自家製燻製をお楽しみください。

炊く

蒸気も香りも逃がさない

重たく丈夫な鋳物のふたが、ごはんのおいしさである蒸気を逃がしません。水分量が少ない古米でも、お米のひとつぶひとつぶが、ふわっと立ち、おいしさの証拠であるカニ穴が開いた「かまど炊きのごはん」を再現することができます。ふたを開けた瞬間に立ち上る、うっとりするほどの香りも、ぜひお楽しみください。また、内側に施された黒マットエマイユ加工の効果で、ごはんがこびりつきづらく、お手入れもとても簡単。スポンジで軽く洗い流すことができます。

他にもこんな料理が…

※ P78〜95でいろいろなストウブを使った料理を紹介しています。

その他、ストウブのお鍋いろいろ

ストウブの使用方法

お使いになる前に

ストウブの製品はひとつひとつ手作りです。中にはホーローの色ムラ、若干の気泡、小さな突起などがございますが、あくまで手作りの個体差であり、品質を損なうものではありません。
出荷時のワックスコーティングを洗い流すため、熱湯と少量の台所用洗剤で洗ってください。熱湯にはじゅうぶんお気をつけください。
ふたのつまみにゆるみがないかお確かめください。ゆるんでいる場合はしっかり手で締め直してからご使用ください。

ふだんのお手入れ

金属たわし、研磨剤、刃物、漂白剤などは表面を傷つける原因になりますので、台所用洗剤とスポンジを使用してください。
金属製の調理器具は鍋を傷める危険がありますので、調理の際は木製またはシリコン製の調理器具を使用してください。
使用後、布で水気をよく拭き取り、乾燥させてから収納してください。特に鍋の縁はさび止め加工が施されていないので丹念に拭いてください。

注意していただきたいこと

製品の空焚きは破損やケガにつながりますので、おやめください。また、空焚きしてしまった場合は自然に冷めるのをお待ちください。急激な温度変化にお気をつけ下さい。特にIH調理器をお使いの場合は急加熱にご注意ください。
調理中や調理後は鍋の取っ手や、ふたのつまみが大変熱くなります。直に触らず、必ず鍋つかみを使用してください。
IH調理器の機種によっては底辺の口径が12.5cm以下の鍋は使用できません。
電子レンジでは使用できません。

ストウブの鍋は重いふたにより
適度な圧力がかかります。
火を止めたあともじんわり調理が続き、
煮くずれなしでふっくらと、
柔らかく仕上げます。

Part1

煮る

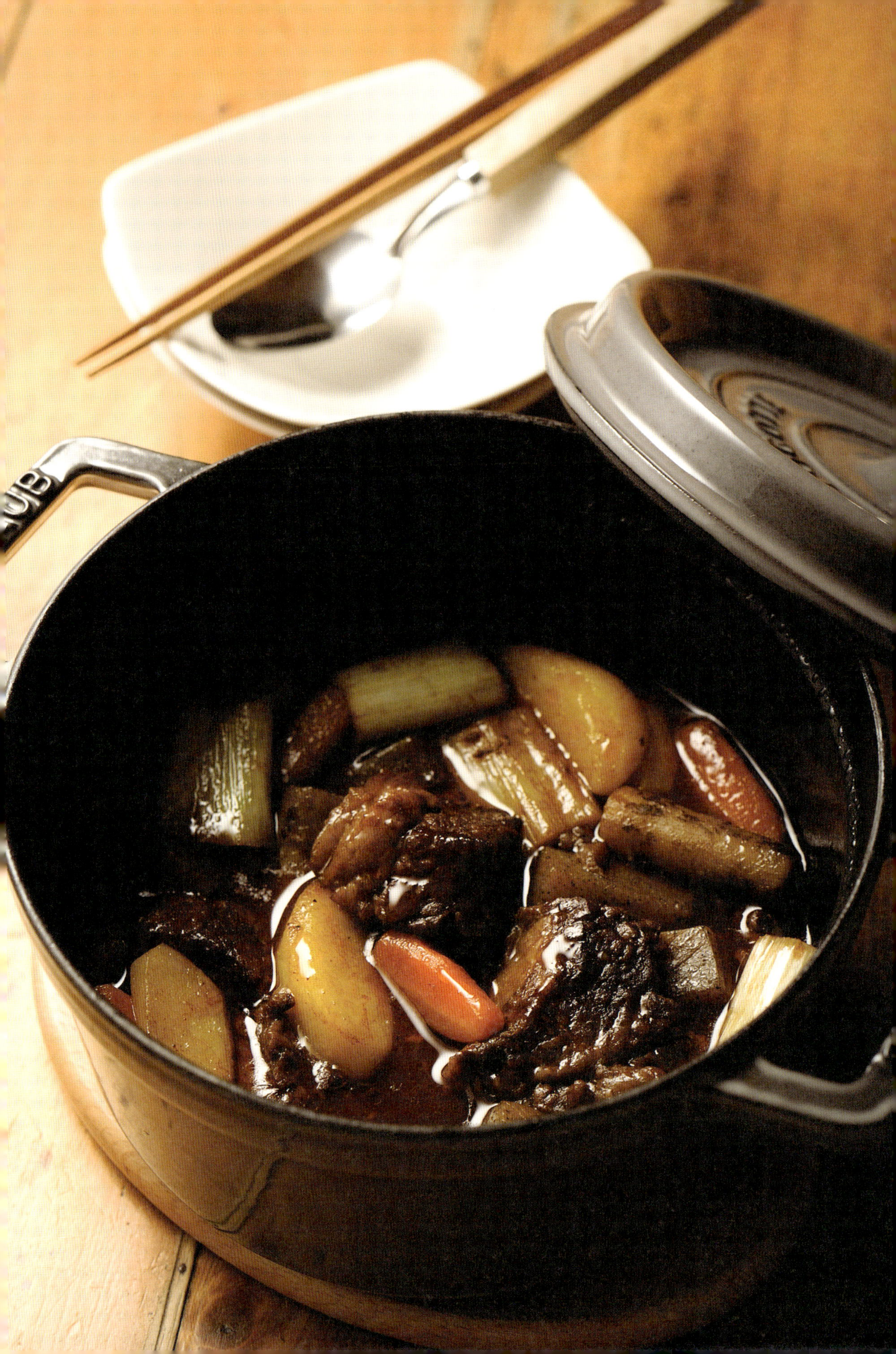

和風ビーフシチュー 調理時間20分+放置時間210分

ほろりとくずれるビーフが、まるで老舗レストランの風味。
料理の腕を上げたと、家族が絶賛してくれること間違いなしです。

材料（2人分）

牛バラ肉	400g
ごぼう	1/2本
こんにゃく	1/3枚
にんじん	1/2本
じゃがいも	1個
長ねぎ	1/2本
日本酒	100mℓ
しょうが	薄切り2枚
ローリエ	1枚
水	300mℓ
みりん	大さじ3
しょうゆ	大さじ1
デミグラスソース	100mℓ
サラダ油、バター	各適量
塩、こしょう	各適量

作り方

1 牛バラ肉は4cm角に切り、塩、こしょうをする。フライパンにサラダ油とバターを熱し、牛肉をこんがりと焼き、鍋に移す。ごぼう、こんにゃく、にんじん、じゃがいも、長ねぎは4cm長さの棒状に切る。

2 1の鍋に水、日本酒、しょうが、ローリエを加え「沸騰したらアクをすくう。ふたを閉めて火を止め、1時間放置する」、これを3回繰り返し、牛肉が柔らかくなるまで火を通す。

3 1のフライパンに残った油で、1の野菜を炒め、2に加える。みりん、しょうゆ、デミグラスソースを加えて沸騰させアクをとる。

4 ふたを閉め30分放置する。再沸騰させ、とろみと味を調える。

ごぼうの皮部分にはごぼうの香りと栄養が詰まっています。皮をむかずにたわしなどでごしごしと洗います。

玉ねぎ、にんじん、セロリはしっかりと茶色くなるまで炒めてから加えます。ふたを閉める前にアクをしっかりとって。

モツのイタリアン煮込み

調理時間40分＋放置時間180分

グレモラータは、にんにくとパセリ、柑橘類の皮を合わせたイタリア料理の薬味。くせのある肉料理もさわやかに引き立ててくれます。

材料（2人分）

牛の白モツ
（下ゆで済みのもの）…… 400g
にんにく ………… 1/2片
玉ねぎ ………… 1個
にんじん ………… 1/2本
セロリ ………… 1/4本
オリーブ油 ………… 適量

A
- 白ワイン ……………… 大さじ3
- トマトソース ………… 300mℓ
- ビーフブイヨン ……… 200mℓ
- タイム、ローリエ …… 各少々
- 塩、こしょう ………… 各少々

グレモラータ（以下を混ぜておく。）
- レモンの皮（みじん切り）……… 小さじ2
- パルメザンチーズ（おろしたもの）… 大さじ2
- ローズマリーの葉（みじん切り）… 小さじ1
- にんにく（みじん切り）………… 小さじ1

作り方

1. にんにく、玉ねぎ、にんじん、セロリはみじん切りにする。フライパンに、にんにくとオリーブ油を入れて熱し、香りがたったら玉ねぎ、にんじん、セロリを加え、茶色くなるまで炒めて鍋に移す。
2. 鍋に牛の白モツ、Aを加え火にかける。「沸騰したらアクをとり、ふたを閉めて火を止め約1時間放置する」、これを2回繰り返す。
3. ふたを開け、とろみがつくまで煮詰める。グレモラータを適量加えて味を調える。器に盛り、仕上げに残りのグレモラータを振る。

ピーツはサトウダイコンの変種で甘い野菜。ビタミンCや高酸化物質がたくさん含まれています。

ボルシチ 調理時間30分+放置時間180分

ロシアの代表的な家庭料理であるボルシチ。
生のビーツで鮮やかに仕上げた食欲をそそる本格派のレシピです。

材料（2人分）

牛肉（肩ロース）…… 200g
ビーツ ……… 小1個（皮をむき、くし型）
玉ねぎ ……… 1/2個（大きめのくし型）
にんじん …… 1/3本（1×5cm 長さの棒状）
じゃがいも … 1個（大きめのくし型）
キャベツ …… 1枚（5cm 角切り）
トマト ……… 小1個（皮を湯むきして8つにくし形）
にんにく …………… 1/2片（みじん切り）
ビーフブイヨン …… 500㎖
タイム、ローリエ … 各少々
サラダ油、バター … 各適量
塩、こしょう ……… 各少々

作り方

1. 牛肉は余分なすじや脂を取り除き、3～4cm角に切り、塩、こしょう（分量外）適量をまぶす。フライパンにサラダ油とバターを熱し、牛肉の表面を焼く。鍋に牛肉、ビーフブイヨン、タイム、ローリエを入れ火にかける。「沸騰したらアクをすくい、ふたを閉め1時間放置する」、これを2回繰り返す。
2. フライパンに、サラダ油、バター、にんにくを入れ、じっくりと炒めて香りを出す。さらにビーツ、玉ねぎ、にんじんを加え、よく炒める。
3. 2を1に加え、じゃがいも、キャベツ、タイム、ローリエ、塩、こしょうを加え、沸騰したらアクをすくい、ふたを閉め1時間放置する。トマトを加えて塩、こしょうで味を調える。
4. 器に盛り、お好みで粗挽き黒こしょうを振り、サワークリームをのせる。

塩漬け豚肉入り ロレーヌ風ポテ

調理時間30分＋放置時間100分 豆を浸ける時間を除く

具だくさんのポテはフランス版おふくろの味です。
少し時間はかかりますが、そのおいしさに納得。

材料（2人分）

- 塩漬け豚肉（作り方は右記参照）……… 200g
- 豚バラ肉……… 200g
- スパイス（粗挽き黒こしょう、タイム、ローリエ、ねずの実、ローズマリーなど）……… 各適量
- 塩……… 4g
- ひよこ豆（乾燥）……… 300g
- にんじん（3cm角）……… 1/3本
- 玉ねぎ（3cm角）……… 1/2個
- 長ねぎ（3cm長さ）……… 1/2本
- 芽キャベツ……… 4個
- きのこ（しめじ、舞茸など）……… 1/2パック
- モロッコいんげん……… 4本（すじをとり、3cm長さ）
- かぶ（小）……… 1個（皮をむき、くし切り）
- チキンブイヨン……… 500ml
- A［タイム、ローリエ、クローヴ、こしょう ……… 各少々］
- ラード……… 適量
- 塩……… 適量
- マスタード……… 適量
- パン・ド・カンパーニュ……… 適量

塩漬け豚肉の作り方

1. 豚バラ肉は、金串などでピケ（無数に穴を空ける）して、塩、スパイスを揉み込む。バットに網を高低をつけて斜めにおき（肉汁が流れ落ちるように）、豚肉をのせる。
2. 冷蔵庫で何もかぶせずに3日間乾燥させた後、ビニールに包んでさらに4日寝かせる（保存する場合は、ラップで包んで（などで2週間。または小分けにしてラップ冷凍可）。

作り方

1. 塩漬け豚肉は1cm角の棒状に切る。鍋にラードを熱し、豚肉をこんがりと焼き、余分な油をペーパーで取り除く。Aを加えて火にかけ、沸騰したらアクをとり、ふたを閉めて火を止め1時間放置する。
2. 1にひよこ豆、にんじん、玉ねぎを加え火にかけ、沸騰したらふたを閉め30分放置する。長ねぎ、芽キャベツを加え、沸騰したらふたを閉め10分放置する。きのこ、モロッコインゲンを加えて味を調え、5分火を通す。器に盛り、マスタードとパン・ド・カンパーニュを添える。

洋風サムゲタン

調理時間40分+放置時間120分 ※米をざるに上げている時間を除く。

サムゲタンは韓国では夏バテ防止に食べる薬膳料理のひとつです。
この本ではシナモンを使って洋風に仕上げました。

材料（2人分）

若鶏（内臓を取り除いたもの）…1羽
餅米……………………………100g
パプリカ………………………1/4個
さつまいも……………………1/3本
セロリ…………………………1/3本
長ねぎ…………………………1/2本
にんにく………………………2片
シナモンスティック…………1/2本
クコの実………………………20粒
松の実…………………………20粒
水………………………………800ml
塩………………………………小さじ1/2
こしょう………………………少々
タイム…………………………1枝
ローリエ………………………1枚

作り方

1. 餅米は洗って30分水に浸けてからざるにあげ、水気をきる。にんにくは半分に切って芽を取る。シナモンスティックは大きく砕く。餅米に、にんにくとシナモンスティック、クコの実、松の実を加え混ぜる。

2. パプリカ、さつまいもは一口大に切る。セロリはすじを取り一口大に切る。長ねぎは3cm長さに切る。

3. 若鶏は、表面とおなかの内側に塩、こしょう（分量外）をする。首の皮を背中側に引っ張り楊枝で止め、ふたをする。1の2/3量を鶏のおなかに詰め、しっぽは内側に押し込み、おなかの皮をのせて楊枝で止める。

4. 鍋に鶏を入れ、水、残りの1、塩、こしょう、タイム、ローリエを加える。「火にかけ、沸騰したらふたを閉めて火を止め約1時間放置する」、ふたを開けて煮汁をかけ、2回これを繰り返す。

5. 2の野菜を加え、沸騰したらふたを閉め、弱火で約20分煮込む。楊枝をはずして器に盛り、塩、こしょう（分量外）をつけながらいただく。

具を詰めた鶏は楊枝を何本か使って、互い違いに刺して止めます。シッポは指で押さえながら中に入れ込みます。

ハンバーグのクリーム煮

調理時間20分＋放置時間30分

ホワイトソースで煮込んだ、ふっくら肉汁たっぷりのハンバーグ。
旨みの詰まった野菜もいっしょにたくさん食べられます。

材料（2人分）

合い挽き肉	250g
玉ねぎ	1/4個
A 卵	1/2個
牛乳	大さじ4
乾燥パン粉	大さじ3
塩	小さじ1/2
こしょう、ナツメグ	各少々
エリンギ	1本
かぼちゃ	80g
グリーンアスパラガス	2本
ヤングコーン	4本
ホールコーン（缶）	50g
バター	20g
小麦粉（薄力粉）	大さじ1
牛乳	300㎖

作り方

1 ボウルにAを混ぜておく。玉ねぎは粗みじん切りにする。エリンギ、かぼちゃは1cm太さの棒状に切る。グリーンアスパラガスは下部の皮をむき、塩ゆでにして長さ5cmに切る。

2 フライパンにバター（分量外）大さじ1を入れ、強火で茶色くなるまで熱し、1の玉ねぎを加えてさっと炒める。粗熱がとれたらAに加え混ぜ、さらに合い挽き肉も加え混ぜる。

3 2を4等分し、手に油（分量外）をつけて小判型に整え、中央をへこませる。2のフライパンで両面をこんがりと焼く。

4 鍋にバターを溶かし、ふるった小麦粉を加え、焦がさないように、さらっとなるまで炒める。火を止め、牛乳、塩、こしょう（分量外）少々を加え、とろみがつくまで泡立て器で混ぜながら数分煮る。3を加える。

5 3のフライパンでエリンギ、かぼちゃ、ヤングコーンを色がつかないように炒めて4に加えて火にかける。沸騰したら、ふたをして火を止め30分放置する。

6 ふたを開けて再沸騰させ、とろみと味を調え、グリーンアスパラガスと、ホールコーンを加えて仕上げる。

ミルフィーユ仕立てのロールキャベツ

調理時間20分+放置時間120分

あとから巻いて仕上げる不思議なロールキャベツ。
キャベツの下処理が必要ないため、うんと短い時間ででき上がります。

材料（2人分）

豚挽き肉	300g
キャベツ	1個
玉ねぎ	80g
パン粉	大さじ3
牛乳	大さじ3
チキンブイヨン	500ml
（市販のインスタントキューブ1個を湯で溶いたもの）	
タイム、ローリエ	各1枚
イタリアンパセリ	少々
バター	適量
塩、こしょう	各少々

作り方

1. キャベツは鍋に入る大きさになるまで外から葉をはがす。芯がはずれないように、包丁で十文字に切り込みを入れる。水に5〜6分浸けたあと、水気をきる。
2. 玉ねぎはみじん切りにする。フライパンにバターを入れ、強火でバターが茶色くなるまで熱する。玉ねぎを加え、さっと炒めて取り出し粗熱をとる。
3. ボウルに2とパン粉、牛乳、豚挽き肉、塩、こしょうを加え、よく混ぜる。4等分して、キャベツの切れ目と葉の間に詰める。
4. 鍋に3を入れ、チキンブイヨンを注ぎ、タイム、ローリエ、塩、こしょうを加え火にかける。沸騰したらアクをとり、ふたをして火を止め1時間放置する。キャベツに竹串がすっと刺されば、再び沸騰させ塩、こしょうで味を調える。
5. キャベツを取り出し4分割し、1/4切れをさらに2〜3個に分けてロールキャベツ状に巻く。器に盛り、スープを注ぐ。仕上げにイタリアンパセリをのせる。

牛すじには硬く厚い部分と、比較的薄く柔らかい部分とがあります。それぞれを分けて食べやすい大きさに切りましょう。

牛すじの煮込み　調理時間30分+放置時間240分

美肌や血管を丈夫にするコラーゲンをたっぷり含んだ牛すじは、
日常的に食べたい食材のひとつ。和風味でとろりといただきます。

材料（2人分）

牛すじ肉	500g
大根	1/8本
れんこん	小1/2本
にんにく	1片
しょうが	2片
小松菜	60g
昆布	10cm角
日本酒	100mℓ
水	適量
砂糖	大さじ2
しょうゆ	大さじ2
一味唐辛子	少々

作り方

1. 牛すじ肉は軽く洗って鍋に入れる。水を牛すじにかぶるほど加えて火にかけ、沸騰させ、アクをとり、水に取って洗う。
2. 牛すじを太くて固いすじと、薄いすじに分け、それぞれを食べやすい大きさに切る。太いすじだけを先に鍋に入れ、日本酒と水をかぶるまで加えて火にかける。「沸騰したらアクや脂をとり、ふたをして火を止め、1時間放置する」、残りの薄いすじを加え、これを2回繰り返す。
3. 大根、れんこんは厚めの半月に切る。にんにくは半分に切り芽を取る。しょうがは薄切りにする。小松菜は塩ゆでし、4cm長さに切る。
4. 2に、3の大根とれんこん、にんにく、しょうが、昆布、砂糖、しょうゆを加え火にかけ、沸騰したらアクをとり、1時間放置する。再度沸騰させ、3の小松菜を加える。
5. 器に盛り、一味唐辛子を振る。

骨付きの肉はアクがたくさん出ます。ふたを閉める前に、しっかりと沸騰させ、アクをとりきるのがおいしさのポイント。

カムジャタン

調理時間30分＋放置時間120分

カムジャはじゃがいも、タンはスープを意味する韓国の鍋料理。具を食べたあとは、ごはんやキムチを加えてめ召し上がれ。

材料（2人分）

骨付き豚肉	600g
じゃがいも	2個
にんにく（すりおろし）	小さじ1/2
しょうが（すりおろし）	小さじ1
水	500㎖
酒	50㎖
A　コチュジャン	大さじ2
しょうゆ（薄口）	大さじ1
砂糖	大さじ1
味噌	大さじ2
練りごま（白）	大さじ1
唐辛子	小さじ1
長ねぎ（白い部分、小口切り・水でさらす）	少々
えごまの葉（細切り・水でさらす）	少々
ごま油	適量

作り方

1. 骨付き豚肉は鍋に入れ、かぶる程度の水を加えて火にかける。沸騰後2〜3分煮込み、水をはったボウルに取り出して洗う。水分をきり、ごま油を熱した鍋で表面をこんがりと焼く。
2. 鍋に1の豚肉、水、酒を入れ、沸騰したらアクをとり、上下を返してふたを閉め、火を止めて1時間放置する。
3. じゃがいもは皮をむき半分に切る。2にA、じゃがいもを加え、沸騰したら、ふたをして火を止め、1時間放置する。
4. じゃがいもが柔らかくなれば、にんにく、しょうが、練りごま、唐辛子を加えて沸騰させ、味を調える。
5. 器に盛り、仕上げに長ねぎ、えごまの葉をのせる。

煮ると餅米はふくらみ、いかは締まるため、具は胴の半分より少し上まで入れるくらいがちょうど良い分量です。

いか飯　調理時間30分＋放置時間120分

香ばしいいかの風味が、餅米にふっくらと染み込んで、ついもうひとつと手が出るおいしさ。
水溶き片栗粉でとろりと仕上げました。

材料（2人分）

するめいか……………… 2ハイ
餅米………………………… 1/2カップ
A ┌ 酒 ………………………… 大さじ1
　└ しょうゆ ……………… 大さじ1
B ┌ 酒 ………………………… 大さじ4
　├ しょうゆ ……………… 大さじ1・1/2
　└ だし汁 …………………… 500ml
水溶き片栗粉… 片栗粉・小さじ1/2、
　　　　　　　水小さじ1/2を混ぜる
木の芽……………………… 少々

＊餅米は一晩浸けて水分を吸収させて、水気をきっておく

作り方

1　するめいかは内側のすじをはがして、胴体から内臓ごとげそをぬく。胴体は軟骨を取り、水で洗う。内臓は目の下で切り離す。げそは包丁の峰で吸盤をこそげ落とし、洗って5mm角に切る。ボウルに1、げそ、Aを入れて混ぜ、いかの胴に6〜7割詰め、楊枝で縫うように閉じる。

2　鍋に1を並べ、Bを加えて「火にかけ沸騰させ、アクをとる。煮汁をかけ、ふたを閉めて火を止め、1時間放置する」、2回これを繰り返す。いかが柔らかくなれば、いかを取り出し、煮汁を煮詰め、水溶き片栗粉を加え、とろみがつくまで煮る。

3　いかを再び鍋に戻し、照りが出るまで煮汁をかけながら煮る。いかを取り出して1.5cm幅に切る。楊枝をはずして皿に盛り、煮汁をかける。仕上げに木の芽をのせる。

トマトがとろりとしたピューレ状になるまで炒めてから、レンズ豆を加えます。しっかり沸騰してからふたを閉めます。

豆のインドカレー 調理時間10分+放置時間30分

インド料理でおなじみのレンズ豆はベジタリアンにとって、なくてはならないタンパク質。
保温調理で簡単にでき上がります。

材料（2人分）

レンズ豆	100g
玉ねぎ	1/5個
しょうが	小さじ1
トマト	1/2個
水	500ml
ターメリック	小さじ1
ガラムマサラ	小さじ2
塩	小さじ1/2
香菜	1枝
サラダ油	大さじ2

A
- クミンシード 小さじ1
- コリアンダーシード 小さじ1/2
- カレーリーフ または、ローリエ 少々
- 唐辛子 1/2本

ナン 1枚

作り方

1. 玉ねぎ、しょうがはみじん切りにする。トマトは粗みじん切りにする。唐辛子は種を取り、粗くちぎる。
2. 鍋にサラダ油を熱し、Aを加えて炒める。香りが出れば、1の玉ねぎを加え炒め、しょうがを加える。
3. 2にトマトを加え、ピューレ状になるまで炒め煮にする。水、レンズ豆、ターメリックを加え、沸騰したら、ふたを閉めて火を止め、30分放置する。
4. 豆が柔らかくなれば、ガラムマサラ、塩で味を調える。器に盛り、ナンと香菜を添える。

黒豆 & 白いんげん豆の煮豆

黒豆（調理時間10分＋放置時間160分）豆を浸ける時間除く
白いんげん豆（調理時間25分＋放置時間60分）豆を浸ける時間除く

ストウブの鍋は豆料理も得意。短い加熱時間＋保温調理で、しっかりと味の染み込んだ、柔らかく美しい豆を煮上げることができます。

材料（2人分）

黒豆
- 黒豆（乾燥）………… 200g
- 水……………………… 1500mℓ
- しょうゆ …………… 大さじ1
- 重曹…………………… 小さじ1/3
- 砂糖 …………………… 200g
- 塩……………………… 小さじ1/2

白いんげん豆
- 白いんげん豆（乾燥） 100g
- 水……………………… 500mℓ
- にんにく …………… 1片（半分に切り、中の芽をのぞいてつぶしておく）
- 塩……………………… 適量
- EXV オリーブ油 ……… 適量
- ブーケガルニ（ローズマリー、タイム、セージ、バジル、イタリアンパセリなどをタコ糸で束ねたもの） …… 各適量

作り方

＜黒豆の作り方＞

1 黒豆は水洗いして虫食いなどを取り除く。

2 鍋に豆以外の材料をすべて入れ、沸騰させて火を止める。黒豆を加え、ふたを閉めて半日おく。

3 ふたを開けて火にかけ、沸騰したらアクをとる。ふたを閉めて火を止め、そのまま1時間放置する。これを3回繰り返す。煮汁が多い場合は、ふたを開け、ひたひたになるまで弱火で煮詰める。

＜白いんげん豆の作り方＞

1 白いんげん豆は、水洗いして虫食いなどを取り除く。鍋に水とともに入れ半日おく。

2 火にかけ、沸騰したらアクをとり、ブーケガルニ、にんにくを加えてふたを閉め、火を止めて約1時間放置する。ハーブの香りがついたら途中でブーケガルニを取り出す。

3 豆が柔らかくなれば、塩を加えて水分がほとんどなくなるまで煮詰める。仕上げにEXVオリーブ油を加え、味を調える。

水分をほとんど加えずに、
ほとんどの食材を蒸し煮にできます。
栄養が壊れず、旨みも濃縮されるため、
いつものメニューが
いちだんとグレードアップ。

Part2
蒸し煮

野菜は小玉ねぎに合わせて、大きめの一口大に切ります。じっくりと炒めて野菜の旨みと甘みを引き出しましょう。

ラタトゥイユ 調理時間30分+放置時間60分

さまざまな野菜の旨みがふんだんに楽しめる、フランスのシンプルな煮込み料理です。
冷やしても、おいしくいただけます。

材料（2人分）

- 小玉ねぎ………… 6個
  （皮をむき、芯に十字の切り込みを入れる）
- 新じゃがいも……… 10個
  （たわしでよく洗う）
- ゆでたけのこ……… 100g
  （小玉ねぎ大に切る）
- ピーマン…………… 2個
  （へたと種とわたをとり、3cm角）
- 赤パプリカ………… 小1個
  （へたと種とわたをとり、3cm角）
- トマト……………… 1個
  （へたをとり3cm角）
- にんにく…………… 1/2片
  （半分に切って皮と芽をとり、たたきつぶす）
- トマトペースト…… 大さじ1
- タイム……………… 1枝
- オリーブ油………… 大さじ2
- 塩、こしょう……… 各適量

作り方

1. 鍋に、にんにく、オリーブ油を入れて熱し、香りが出て、にんにくに色がついたらタイムを加える。トマト、トマトペースト、塩、こしょうを加え、半量になるまで煮詰める。
2. フライパンにオリーブ油を熱して残りの野菜を1種類ずつ加える。じっくり炒めて塩、こしょうをし、1の鍋に加える。
3. 鍋を火にかけ、沸騰したら、ふたを閉めて弱火で10分間煮たら火を消し、1時間放置する。
4. ふたを開けて、水分がほぼなくなるまで煮詰める。

玉ねぎは、ペティナイフなど小さめのナイフを使い、刃先だけを使うと上手にくりぬけます。けがをしないよう注意して。

たまねぎのファルシ 調理時間30分＋放置時間60分

玉ねぎと鶏肉の旨みが、それぞれを引き立て合います。
おもてなし料理にもなる、見た目もかわいらしい野菜料理です。

材料（2人分）

玉ねぎ	小4個
A 鶏ももの挽き肉	100g
パルメザンチーズ（すりおろし）	大さじ2
パン粉	大さじ1
牛乳	大さじ2
ローズマリーの葉（みじん切り）	小さじ1
片栗粉	小さじ1
トマト	2個
にんにく（みじん切り）	1/2片
オリーブ油	大さじ1
塩、こしょう	各適量
ローズマリー	適量

作り方

1 玉ねぎは皮をむき、底を少し切って安定を良くする。上から1.5cmの部分を横に切り、さらにナイフを斜めに刺し、ぐるりと切り込みを入れてくりぬく。くりぬいた玉ねぎはみじん切りにする。

2 ボウルに玉ねぎのみじん切りとAを入れ、混ぜる。トマトはへたと皮を取り1cm角に切る。

3 1の玉ねぎに片栗粉を振り、2を山盛りに詰める。

4 鍋に、オリーブ油とにんにくを熱し、香りが出てくればトマト、塩、こしょうを加えて2〜3分煮る。

5 鍋に3を並べる。ふたを閉め、弱火で5分煮たら火を止め、1時間放置する。ふたを開けて火にかける。煮汁にとろみがつき、全体に熱が回れば、仕上げにローズマリーを飾る。

香りの良いベーコンの脂をしっかりと出します。表面に軽く焦げ目ができるまで、じっくりと焼いていきます。

シュークルート 調理時間30分+放置時間55分

シュークルートはキャベツの漬け物・ザワークラウトのフランス名。もとは野菜の収穫ができなかった冬の料理です。

材料（2人分）

ベーコン	160g
ソーセージ	2種×2本
じゃがいも	2個
玉ねぎ	1/3個
ザワークラウト	300g
にんにく	1/2片
白ワイン	100mℓ
ブイヨン	200mℓ
ローリエ	1/2枚
ねずの実	4粒
クローブ	1本
ラード	大さじ1
マスタード	お好みで

作り方

1 ベーコンは4つに切り分ける。じゃがいもは皮をむき面取りをする。玉ねぎは薄切り、にんにくは皮をむいて芽を取り、たたきつぶす。ザワークラウトは水気を軽くきる。

2 鍋にラードとにんにくを入れ、香りが出るまで炒める。ベーコンを加え、焼き色が軽くつけば、玉ねぎを加えてしんなりするまで炒める。

3 白ワイン、ブイヨン、じゃがいも、ローリエ、ねずの実、クローブを加え、沸騰したらふたを閉め、弱火で5分煮込み、火を止めて50分放置する。

4 じゃがいもを取り出し、ザワークラウトとソーセージを加えて混ぜる。沸騰したらじゃがいもを戻し、ふたを閉めて火を止め5分放置する。再度火にかけ、全体が熱くなればマスタードを添えて供する。

小玉ねぎ、新じゃがいもは転がしながら脂を馴染ませます。表面に焼き色がつくまでじっくりと焼きましょう。

プラムと豚肉の蒸し煮

調理時間30分+放置時間60分

フランスで定番の、甘酸っぱいプラムの旨みが溶け込んだ、たっぷりソースがおいしい豚肉料理。ワインに合う一皿です。

材料（2人分）

豚肩ロース肉 …… 400g
（4cm角に切り、塩、こしょうをまぶす）
プラム ………… 8個
にんにく ………… 2片
（皮をむき、半分に切って芽をとる）
小玉ねぎ ………… 8個（皮をむく）
新じゃがいも …… 8個
ブロッコリー …… 1/3株
（小房に分けて塩ゆで）
赤ワイン ………… 80ml
バター …………… 大さじ2
塩、こしょう …… 各適量

作り方

1. 鍋にバター大さじ1、にんにくを入れて熱し、香りが出たら小玉ねぎと新じゃがいもも、塩、こしょうを加え、じっくり炒めて取り出す。
2. 同じ鍋に残りのバター大さじ1を加え、豚肉の表面をこんがりと焼く。赤ワインを加えて、木べらなどで鍋底の旨みをこそげ落とす。
3. 1のじゃがいもと小玉ねぎを2に戻し、プラムを加え、沸騰したらふたを閉め、弱火で5分煮る。火を止めて1時間放置する。
4. ふたを開けて全体を混ぜ、煮汁をからめて味を調え、ブロッコリーを加える。

ポークビーンズ 調理時間30分+放置時間60分 豆を浸ける時間を除く

豚肉と豆をトマトで煮込んだアメリカの代表的な家庭料理のひとつ。
チリが加えられるとチリビーンズと呼ばれます。

材料（2人分）

レッド・キドニー・ビーンズ	100g
（5倍の水に半日浸ける）	
豚肉	100g（1cm角）
ソーセージ	100g（1cm角）
玉ねぎ	1/2個（みじん切り）
にんにく	1/2片（たたきつぶす）
トマトの水煮	100g（ざるでこす）
クミン、ガラムマサラパウダー	各小さじ1
パプリカパウダー	大さじ1
白ワイン	50㎖
ローリエ	1枚
オレガノ	1枝
イタリアンパセリ（細切り）	適量
サラダ油	大さじ1
塩、こしょう	各適量

作り方

1 鍋にサラダ油とにんにくを入れて熱し、香りを出す。豚肉を加え、こんがりと焼色がつくまで焼く。

2 1に玉ねぎを加え、しんなりするまで炒める。クミン、ガラムマサラパウダー、パプリカパウダーを加え、焦がさないよう炒める。香りが出れば白ワインを加え、木べらなどで鍋底についた旨みをこそげ落とす。

3 レッド・キドニー・ビーンズを、戻し汁ごと加え、ローリエ、オレガノ、トマトの水煮を加える。沸騰したらアクをとり、ふたを閉めて弱火で5分煮込み、火を止め放置する。

4 豆が柔らかくなれば、ふたを開けて塩、こしょう、ソーセージを加え、とろみがつくまで煮込む。器に盛り、仕上げにイタリアンパセリを散らす。お好みでガーリックトーストと一緒にいただく。

リエット 調理時間30分+放置時間120分

カリッと焼いたパンにつけて食べると止まらなくなってしまうほど。
お肉の苦手な方にも食べやすいペーストです。

材料（2人分）

鶏もも肉（骨付き）… 2本
A
- 玉ねぎ ………… 1/4個(1cm角)
- にんじん ……… 1/4本(1cm角)
- セロリ ………… 1/4本
  （すじを取り1cm角）
- にんにく ……… 1片
  （半分に切り、皮と芽を取り
  たたきつぶす）

チキンブイヨン …… 200mℓ
白ワイン …………… 100mℓ
ミックスナッツ …… 大さじ2
バター ……………… 大さじ3
塩、こしょう ……… 各適量
ローズマリー ……… 少々
ピンクペッパー …… 少々

作り方

1. 鶏もも肉は、塩、こしょうをまぶす。ミックスナッツは170℃のオーブンでこんがりと焼き、粗く刻む。
2. 鍋にバターを熱し、鶏を全面焼いて取り出す。同じ鍋でAの野菜をじっくりと香りが出るまで炒める。鶏を鍋に戻し、白ワインを加え、鍋底の旨みをこそげ落とす。
3. チキンブイヨンを加えて沸騰させ、ふたを閉めて弱火で5分煮る。火を止め、1時間放置する。再び火にかけ、沸騰したら1時間放置する。
4. 鶏、野菜が柔らかくなれば、鶏を骨から身をはずし、すり鉢で野菜と共にすりつぶす。
5. 煮汁を煮詰めて冷まし、4に加える。塩、こしょうで味を調えナッツを加え混ぜる。器に盛り、トーストしたバゲットとナッツ、ローズマリー、ピンクペッパーを添える。

金目鯛に塩をまぶしたら、バットの片側を上げて傾け、魚から染み出てくる水分が、反対側にたまるようにします。

魚介の海藻蒸し 調理時間20分＋放置時間10分

ごはんを炊いている間にメイン料理とつけ合わせが一度にでき上がります。
海藻たっぷりのヘルシーレシピです。

材料（2人分）

- 金目鯛……………… 2切れ
- 水菜………………… 160g
- 海草ミックス（乾燥）… 10g
- 白髪ねぎ…………… 適量
- 白ワイン…………… 50mℓ
- 塩…………………… 適量
- EXVオリーブ油…… 小さじ2
- 塩、こしょう……… 各適量

作り方

1. 金目鯛はうろこを取り、皮目に切り込みを入れる。塩をまぶして10分おき、洗って水分を取る。海藻ミックスは水で5分戻して水分を絞っておく。
2. 鍋に4cm長さに切った水菜を敷き、海草ミックスを広げ、金目鯛をのせる。塩、こしょう、白ワインをふりかけ、中火にかける。沸騰してきたらふたを閉め弱火で2分熱し、火を止め10分放置する。
3. 器に盛り、仕上げに白髪ねぎをのせ、EXVオリーブ油を回しかける。

クスクスを加えたら、下からやさしく混ぜ合わせます。蒸らしている間に魚介から出たおいしい煮汁を吸い込みます。

魚介のタブーレ

調理時間20分+放置時間20分

世界最小のパスタと言われるクスクスのサラダ。
レバノン発の料理ですがフランスでも定番となりました。

材料（2人分）

クスクス …………… 100g	トマト …………………… 1/2 個
エビ ………………… 80g	（皮と種を取り 3mm 角）
ハマグリ …………… 2 個	白ワイン ………………… 50㎖
ホタテ貝 ………… 80g（1cm 角）	水 ………………………… 50㎖
玉ねぎ ……………… 1/8 個	EXV オリーブ油 ………… 大さじ2
（3mm 角に切って水にさらし、	A ┌ ミントの葉（みじん切り）… 大さじ1
水分をきる）	├ 香菜（みじん切り）……… 大さじ1
パプリカ（赤）……… 1/6 個（3mm 角）	├ レモン汁 ………………… 大さじ1
セロリ ……………… 1/4 本（3mm 角）	└ 塩、こしょう …………… 各適量
ズッキーニ ………… 1/5 本（3mm 角）	ラディッシュ ……………… 2 個
ブラックオリーブ … 4 個（3mm 角）	

作り方

1. エビは背わたを取る。ハマグリは砂ぬきをしたあと、塩をまぶし、殻同士をこすり洗いする。
2. 鍋にハマグリ、白ワイン、水を入れて火にかける。沸騰したら、ふたを閉め弱火にする。ハマグリの口が開いたらエビ、ホタテ貝を加えて火を通す。
3. ボウルでクスクスとEXVオリーブ油を混ぜ、2に加え混ぜる。全体が熱くなれば、ふたを閉めて火を止め、20分蒸らす。
4. クスクスが程よい硬さになれば、ボウルに移して野菜とAを加え混ぜ、味を調える。器に盛り、仕上げにラディッシュを飾る。

Part2 蒸し煮

こんがり焼いたかぼちゃを、煮汁へ戻します。鍋底からしっかりと混ぜて火を通します。ふたを開けるときは水滴に注意。

かぼちゃの煮物 調理時間20分+放置時間120分

ほっこりと煮上がったかぼちゃは、あたたかい家庭の味。
鶏の旨みも加わって、よりいっそうおいしくなりました。

材料（2人分）

かぼちゃ	1/4個
枝豆	20粒（塩ゆでしたもの）
サラダ油	小さじ1
A 鶏挽き肉	120g
酒	大さじ2
みりん	大さじ3
砂糖	大さじ1
しょうゆ（薄口）	大さじ1
しょうが	小さじ1（みじん切り）
だし汁	100㎖
片栗粉	小さじ1

作り方

1. かぼちゃは一口大に切る。Aの材料をすべてボウルに入れ合わせておく。
2. 鍋にサラダ油を熱し、かぼちゃを両面こんがりと焼いて取り出す。鍋に合わせたAを入れて、鍋底から混ぜるように火を通す。
3. 2が完全に沸騰したら、かぼちゃを鍋に戻し、よく混ぜ合わせる。ふたを閉め、火を止めて1時間放置する。
4. ふた裏についた水滴が落ちないようにふたをはずし、再沸騰させる。仕上げに枝豆を加える。

筒切りにしたさんまは、菜ばしを使って内側をくるりと回すようにすると、内臓がきれいに洗い流せます。

さんまの有馬山椒煮（骨ごと食べられる）

調理時間30分+放置時間120分

骨まで食べられるほど、柔らかく煮上がります。
さんしょうの香りが、ほんのりと香り、ごはんの進むおかずです。

材料（2人分）

さんま	2尾
さんしょう佃煮	小さじ1
しょうが（みじん切り）	小さじ1
酒	大さじ4
みりん	大さじ2
しょうゆ	小さじ1
水	100mℓ
塩	適量
ぎんなん	8粒

作り方

1. さんまは、頭と尾を切り落とし、4cm長さに切る。内臓を菜ばしで取り、水洗いする。塩を全体に振り、10分おいたら一度洗い、キッチンペーパーで水分をとる。ぎんなんは殻を割って実を取り出し、ゆでて薄皮を取り除く。
2. 鍋に、さんしょう佃煮、しょうが、酒、みりん、しょうゆ、水を入れてひと煮たちさせる。さんまを鍋に並べ「ふたを開けたまま沸騰させ、煮汁をさんまにかける。ふたを閉め、弱火で1分煮て火を止め、1時間放置する」。これを2回繰り返す。
3. 味が薄ければ、煮汁を煮詰める。器に盛り、煮汁をかけ、仕上げにぎんなんを飾る。

Part2 蒸し煮

ごぼうと鶏肉の蒸し煮 調理時間30分+放置時間60分

ごぼうやたけのこなど、繊維質がたっぷりとれます。
ちょっぴり甘辛味で冷めてもおいしく、お弁当にもおすすめ。

材料（2人分）

- 鶏もも肉……………1枚
- ごぼう………………1本
- いんげん……………10本
（すじを取り5cm長さ）
- 干ししいたけ………4枚
- たけのこ（水煮）…100g
- しょうが（薄切り）…2枚
- 砂糖…………………大さじ1
- みりん………………大さじ2
- 酒……………………大さじ2
- しょうゆ……………大さじ2
- ごま油………………小さじ1
- 酢水
  - 酢…………………大さじ1
  - 水…………………500ml

作り方

1. ごぼうはたわしで洗い、4cm長さに斜め切りにする。すぐに酢水に浸け、数分おいて洗い、水分をきる。いんげんは塩ゆでにする。
2. 干ししいたけは、半日水に浸けて水分を絞り、軸を落とし、半分に切る。たけのこは、一口大に切る。鶏肉は、軟骨やすじを切り落とし、一口大に切る。
3. 鍋にごま油としょうがを熱し、ごぼう、たけのこ、干ししいたけの順でよく炒め、一度取り出す。鶏の皮を下にして並べ、じっくりと焼いて脂を染み出させる。ひっ繰り返し、両面を焼き余分な脂をキッチンペーパーで拭き取る。取り出した野菜を戻し入れる。
4. 3に砂糖、みりん、酒、しょうゆを加えて全体を混ぜ、沸騰したらふたを閉め、弱火にして5分煮る。火を止め、1時間放置する。ふたを開けて水分を飛ばしながら煮汁をからめ、仕上げにいんげんを加える。

ストウブの鍋は
旨みを含んだ蒸気を逃がさないため、
脂の少ない肉なども、
しっとりジューシーに、
まるごと野菜もホクホクと
甘く仕上がります。

Part3
蒸し焼き

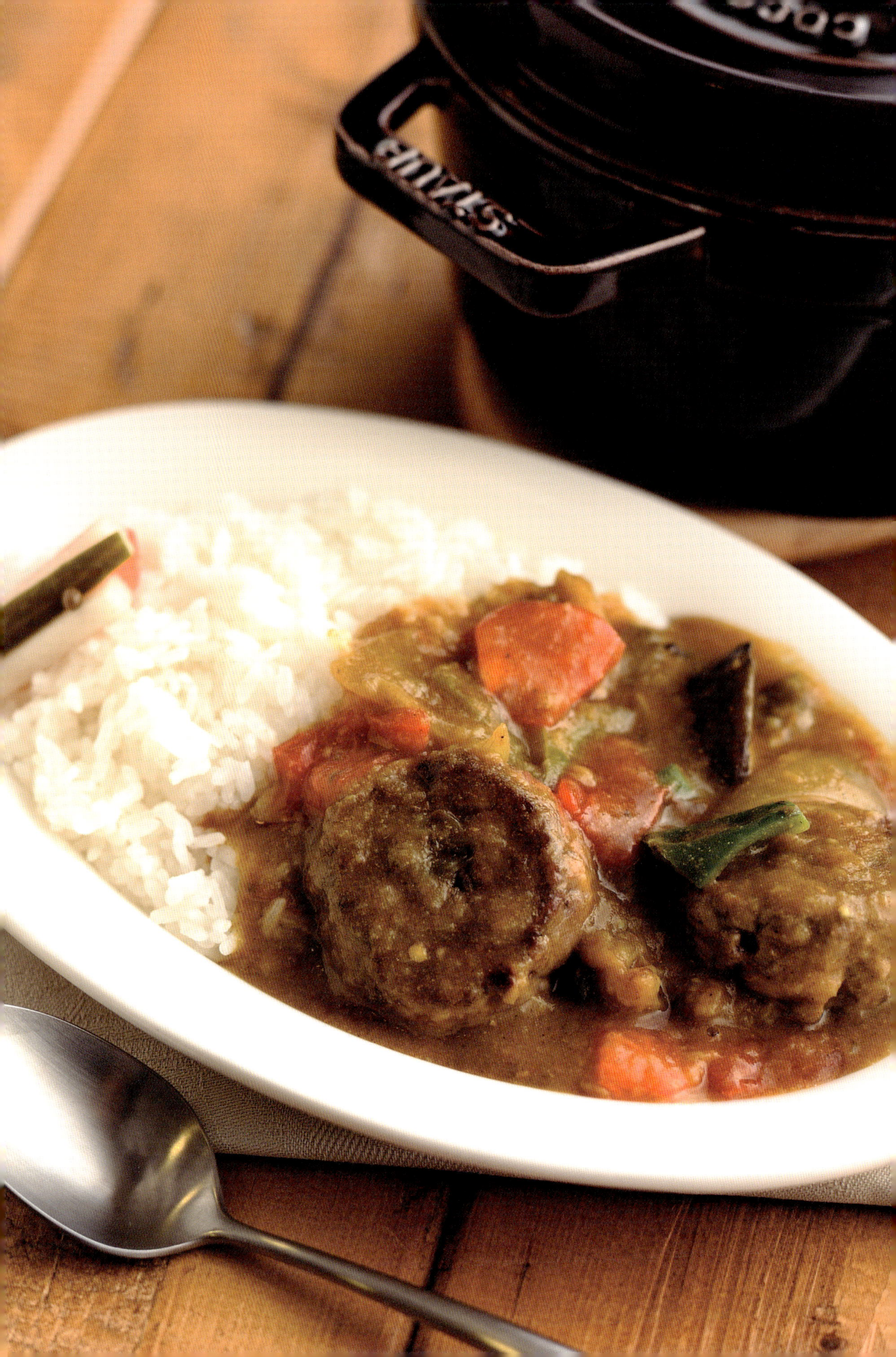

無水ビーフカレー 調理時間15分＋放置時間10分

野菜の水分だけでつくるカレーです。
薄切り肉を巻いているため、大きなひと切れもパクリと食べられる柔らかさ。

材料（2人分）

牛薄切り肉（肩ロース） …… 300g
玉ねぎ …………………… 1/2 個
（一口大に切る）
なす ………………………… 1本
（一口大に切り、水につけてアクを抜く）
ピーマン …………………… 1個
（へたとわたを取り、一口大に切る）
トマト ……………………… 2個
（へたを取り一口大に切る）
じゃがいも ……………… 1/2 個
（すりおろす）
にんにく（みじん切り）…… 小さじ 1/2
しょうが（みじん切り）…… 小さじ 1
小麦粉 …………………… 小さじ 2
サラダ油 ………………… 小さじ 2
カレー粉 ………………… 大さじ 2
塩、こしょう …………… 各少々
野菜のピクルス ………… 適量
ご飯 ………………………… 適量

作り方

1. ラップフィルムに牛肉を並べ、塩、こしょう、カレー粉小さじ1を振り、ロール状にきつく巻く。ラップで形を整え、ラップごと一口大に切り分けたあとラップをはがし、小麦粉をまぶす。
2. 鍋にサラダ油を熱し、1の牛肉をこんがりと全面焼いて取り出す。
3. 2の鍋ににんにく、しょうがを加えて熱し、香りが出れば、玉ねぎ、なす、ピーマンの順に焼き色がつくまで炒める。
4. 残りのカレー粉を加えて炒め、トマト、じゃがいも、塩を加えて混ぜる。沸騰したら2の牛肉を戻し入れる。ふたを閉めて弱火で5分煮込み、火を止めて10分放置する。
5. 皿にご飯を盛り、カレーをかけ、ピクルスをのせる。

ラップの上に牛薄切り肉を並べ、塩、こしょう、カレー粉を振って巻きます。巻きづらければ巻きすを使って。

ラップに柚子こしょうを塗り、その上に豚フィレ肉をおいて巻きます。スケッパーを使ってラップ内の空気をぬきます。

豚フィレ肉とベーコンの柚子こしょうロール

調理時間20分+放置時間40分

あっさりとした豚フィレ肉をベーコンで風味をつけ、
柚子こしょうのぴりっとした辛さで全体を引き締めます。

材料（2人分）

豚フィレ肉 ………………… 1本
（室温に戻しておく）
柚子こしょう ……………… 小さじ2
ベーコン（スライス）……… 10枚
しそソース
（ブレンダーに以下の材料を入れて粉砕）
├ しその葉 ………………… 5枚（粗みじん切り）
│ 小さいきゅうりのピクルス … 1本（粗みじん切り）
│ ピクルスの漬け汁 ……… 大さじ2
│ ケイパー ………………… 小さじ1
└ EXV オリーブ油 ………… 大さじ1
しその葉 ……………………… 少々

作り方

1 豚フィレ肉は、すじや脂を掃除する。細いほう1/4を切り、折り返すように向きを変えて重ね、太さを均一にする。
2 ラップフィルムに柚子こしょうを塗り、その上に肉をおいて巻き、表面になじませる。別のラップフィルムにベーコンを並べ、豚肉を移しロール状にベーコンを巻く。ラップをはずし、クッキングシートに肉を移し、しっかりと締めながらロール状に形を整える。
3 2を鍋に入れて中火にかけ、「ふたを閉める。鍋が熱くなったら火を止めて20分放置する」。ふたを開けて肉の向きを変えたら、再度、これを繰り返す。
4 肉を取り出してクッキングシートをはずし、1cm厚さの輪切りにする。皿にしその葉をのせ、肉を並べ、しそソースを流す。

先に鍋に敷いたもも肉の上に、鶏ムースをぴっちりと張りつけていきます。すき間が空かないように注意しましょう。

鶏もも肉と鶏ムースの蒸し焼き

調理時間20分＋放置時間20分

贅沢な二段仕上げの、おしゃれな蒸し焼きです。
冷めてもおいしく、作りおきができるのでパーティ料理にもおすすめ。

材料（2人分）

- 鶏もも肉 …………………………… 2枚
- にんにく …………………… 1/4片（みじん切り）
- オリーブ油 ………………………… 小さじ1
- 塩、こしょう ……………………………… 少々
- 鶏のムース
  - 鶏挽き肉 ……………………………… 200g
  - ブラックオリーブ（粗みじん切り） … 4個
  - ドライトマト（粗みじん切り） ……… 1枚
  - イタリアンパセリ、
  - セルフィーユ（粗みじん切り） …… 各小さじ1/2
  - 生クリーム ………………………… 大さじ2
  - 塩、こしょう ……………………… 各適量
- セルフィーユ、レモン …………………… 各少々

作り方

1. 鶏もも肉は、軟骨やすじを取り除き、皮目に切込みを入れる。塩、こしょう、にんにく、オリーブ油をまぶして10分おく。
2. ビニール袋に鶏挽き肉を入れ、塩、こしょう、ブラックオリーブ、ドライトマト、ハーブを加えて練り混ぜる。生クリームを加え、さらによく混ぜる。
3. 鍋底にクッキングシートを敷き、鶏肉の皮目を下にして入れる。2を鶏もも肉に塗り広げ、表面を平らにする。
4. ふたを閉めて中火にかけ、約5分したら火を止めそのまま20分放置し、余熱で火を通す。
5. 4を切り分けて皿に盛り、仕上げにレモンとセルフィーユを添える。

Part3 蒸し焼き 41

スペアリブの蒸し焼き　中華風 　調理時間50分+放置時間40分

五香粉のエキゾチックな香りはビールにもぴったり。
ストウブの鍋ならスペアリブも縮まずに柔らかく焼き上がります。

材料（2人分）

豚のスペアリブ …………… 600g
浸けだれ
　長ねぎの青い部分 ……… 1本分
　砂糖 ……………………… 大さじ1
　五香粉 …………………… ひとつまみ
　オイスターソース ……… 大さじ2
　紹興酒 …………………… 大さじ2
　しょうがの皮 …………… 1片分
　塩、こしょう …………… 各少々
チンゲン菜 ………………… 2株
ごま油 ……………………… 小さじ1

作り方

1. ビニール袋に浸けだれの材料と豚のスペアリブを入れる。ビニールを破らないようによく揉み、30分おいて味を染み込ませる。
2. 鍋にごま油を熱し、肉をこんがりと焼き、ふたを閉める。弱火で5分火を通し、火を止めて20分放置する。
3. ふたを開けて肉を裏返し、ふたを閉める。再度、弱火で5分火を通し、火を止めてチンゲン菜をのせ20分放置する。

ローストビーフ 調理時間40分+放置時間40分

オーブンでプロが焼き上げたような、しっとりとしたローストビーフです。
口の中で肉汁がじゅわっと広がります。

材料（2人分）

- 牛ロース肉 ………… 500g
- にんにく …………… 1片
  （半分に切り芽を取り叩きつぶす）
- 玉ねぎ ……………… 1/2個（8mm角）
- にんじん …………… 1/3本（8mm角）
- セロリ ……………… 1/4本（8mm角）
- チキンブイヨン …… 200mℓ
- 白ワイン …………… 大さじ2
- タイム ……………… 1枝
- ローリエ …………… 1枚
- A
  - ホースラディッシュのすりおろし … 小さじ2
  - 生クリーム …………………………… 大さじ2
  - 白ワインヴィネガー ………………… 小さじ1/2
- バター ……………… 小さじ2
- 塩、こしょう ……………………………… 各少々

作り方

1. 牛ロース肉は室温に戻し、大きなすじや脂を取り除く。塩、こしょう（分量外）少々を手で良く揉み10分おく。
2. 鍋にバターを茶色くなるまで熱し、肉を加え、表面をこんがりと焼いて取り出す。
3. 鍋に野菜を入れ、ざっと混ぜてから鍋底に広げる。タイム、ローリエを加え肉をのせる。「弱火にかけふたを閉め、5分加熱後、火を止めて20分放置する。ふたを開けて肉の向きを変えて弱火にかける」、これを2回繰り返す。
4. 肉を押してみて弾力があれば取り出す。鍋を火にかけ、中の野菜をこんがりと炒め、白ワインで鍋底の旨みをこそげ落とす。チキンブイヨンを加え10分弱火で煮たら、細かいざるでこす。
5. 肉を切り分けて皿に盛り、塩、こしょうを振る。4のグレービーソースとホースラディッシュソースを添え、仕上げにクレソンを飾る。

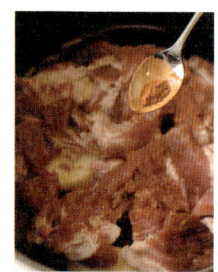

豚肉を並べたら、塩、こしょうとはちみつ、シナモンを振りかけてりんごをのせます。上下を豚肉ではさむように並べましょう。

豚肉とりんごのノルマンディ風 調理時間30分+放置時間90分

フランス・ノルマンディ地方の名産品りんごのお酒・シードルやカルバドスを使った料理も
ノルマンディ風と呼ばれます。

材料（2人分）

豚肩ロース肉 ………… 300g（1cm厚さに切る）
りんご ……………… 1個
（芯と皮を取り除き、5mm厚さの輪切りにする）
はちみつ …………… 大さじ1
シナモン …………… 小さじ1
白ワイン …………… 大さじ2
バター ……………… 小さじ1
塩、こしょう ……… 少々
サワークリーム …… 大さじ1
セルフィーユ、ピンクペッパー … 各少々

作り方

1 鍋にバターを塗り、豚肩ロース肉を一段並べる。塩、こしょう、はちみつ、シナモンを振りかけ、りんごを上にのせる。

2 1を繰り返し、上下を豚肉ではさむようにする。白ワインを振りかけ、中火にかける。熱くなれば、ふたを閉め弱火で5分火を通したあと、火を止め30分放置する。

3 「ふたを開けて蒸し汁をすくってかけ、再度ふたを閉める。弱火で5分火を通し、火を止めて30分放置する」これを2回繰り返す。

4 皿に豚肉とりんごを盛り、蒸し汁をかけ、仕上げにサワークリーム、セルフィーユ、ピンクペッパーをのせる。

ココナッツミルクは缶をよく振ってから開けましょう。強火で熱すると油が分離してしまうので、必ず弱火で加熱します。

パスタとお肉の蒸し焼き

調理時間30分＋放置時間10分

ココナッツミルクの風味がほんのりアジアン気分です。
メインと主食が同時にできて忙しい平日も安心。

材料（2人分）

- ペンネ……………………150g（硬めに塩ゆでする）
- 鶏手羽元…………………4本
- 玉ねぎ……………………1/4個（みじん切り）
- ヤングコーン……………4本（硬めに塩ゆでする）
- グリーンカレーペースト…大さじ1
- ココナッツミルク（缶）……200mℓ
- サラダ油…………………小さじ1
- 塩…………………………少々
- 絹さやえんどう（塩ゆで）…4枚
- ミックスナッツ（粗切り）…少々

作り方

1. 鶏手羽元は塩をまぶしておく。鍋にサラダ油を熱し、鶏肉を焼く。
2. 鶏肉を鍋のすみに寄せ、空いたところでグリーンカレーペーストを加えて炒める。香りが出てくれば、玉ねぎを加え炒める。
3. ペンネ、ココナッツミルク、ヤングコーン、塩（分量外）少々を加え混ぜ、ふたを閉める。弱火で5分火を通したら火を止め、そのまま10分放置する。
4. 器に盛り、絹さやえんどうとミックスナッツを飾る。

長ねぎを巻くのは、少しコツがいります。ラップだけで難しければ、下に巻きすを敷くと簡単に巻くことができます。

魚の蒸し焼き　調理時間20分＋放置時間10分

長ねぎでくるりと巻いて蒸し上げたメバル。たくさんの香味野菜がちりばめられたハマグリ。
お鍋の中は海鮮の宝箱です。

材料（2人分）
メバル……………… 1尾
しょうが ……………… 1/2片
（ごく薄切り）
長ねぎの白い部分
……………… 1本分
（半分の長さに切り、さっと塩ゆで）

A ┃ ハマグリ ………… 8個
　 ┃ （砂抜きして、塩をまぶしてこすり洗いする）
　 ┃ アンチョヴィ …… 2切れ（細切り）
　 ┃ プチトマト ……… 6個（へたをとる）
　 ┃ ケイパー ………… 大さじ1
　 ┃ ブラックオリーブ　4個
　 ┃ グリーンオリーブ　4個
　 ┃ ディル …………… 1枝
　 ┃ 塩、こしょう …… 少々
白ワイン ……………… 80mℓ
オリーブ油 …………… 小さじ1
塩、こしょう ………… 少々

作り方
1　メバルは、うろこ、内臓を取り除く。尾びれは形を整えて切り、他のひれは切り落とす。皮目に切り込みを入れて塩、こしょうを振る。10分ほどおいて、出てきた水分をキッチンペーパーで拭く。
2　魚にしょうがを貼りつけ、長ねぎで巻き、鍋にのせる。
3　魚の周囲にAを加え、白ワイン、オリーブ油を回し入れて中火にかける。沸騰したらふたを閉め、5分加熱して火を止め、10分放置する。

コチュジャンは直接手で触れるとヒリヒリしてしまう方も。使い捨てのビニール手袋をして、まんべんなく塗りましょう。

マグロとセロリのロースト韓国風

調理時間20分+放置時間10分

おもてなしにも重宝するローストです。
マグロをさくで買うときは、すじが縦に入っているものを選ぶようにしましょう。

材料（2人分）

マグロ	120g
セロリ	1本
浸けだれ	
にんにく（すりおろし）	小さじ1/2
しょうが（すりおろし）	小さじ2
コチュジャン	大さじ2
みりん	大さじ1
しょうゆ（薄口）	小さじ1
ごま油	小さじ1
せり、すだち	各少々

作り方

1. 浸けだれの材料を混ぜ合わせる。たれは3等分し、1/3量でマグロを浸け、1/3量はセロリを浸け、30分おく。残りは浸けだれとする。
2. 鍋にごま油を敷き、マグロとセロリを並べる。
3. 中火にかけ、鍋が熱くなったらふたを閉める。弱火で5分火を通したら火を止め、10分放置する。
4. マグロとセロリを切り分けて皿に盛り、1の浸けだれをかけ、せりと薄くスライスしたすだちを添える。

カキと白菜の重ね蒸し

調理時間15分+放置時間15分

材料（2人分）
カキ（むき身）……… 250g
白菜………………… 3枚
小麦粉（薄力粉）… 大さじ1
ゆず風味の味噌だれ
　┌ 味噌（赤）…… 大さじ3
　│ みりん………… 大さじ1
　│ 酒……………… 大さじ1
　│ ゆずの皮
　└ （すりおろし）…… 1/3個分
白髪ねぎ、せりの葉、
菊の花びら………… 少々

＊味噌だれの材料を混ぜておく。

作り方
1. カキは、小麦粉半量を振りかけ、やさしく混ぜ、水洗いする。これを再度繰り返し、キッチンペーパーで水分をとる。
2. 鍋に白菜を2枚敷き、味噌だれを1/3量塗り、カキを並べる。これを繰り返す。ふたを閉め中火にかけ、5分したら火を止め、そのまま15分放置する。
3. 皿に2を盛り、白髪ねぎ、せりの葉、菊の花びらを飾る。

塩焼き卵

調理時間10分+放置時間20分

材料（2人分）
卵…………………… 4個（室温にする）
小玉ねぎ（ペコロス）… 4個（根を切り落とす）
マッシュルーム …… 2個
塩…………………… 適量

作り方
1. 鍋に塩を厚さ2cmになるまで敷く。卵、小玉ねぎ、マッシュルームをのせる。
2. 中火にかけ、塩が熱くなればふたを閉め、10分加熱し火を止め、20分放置する。
3. 卵は殻をむき、焼き塩をつけながらいただく。マッシュルームは軽く塩を払いながらいただく。小玉ねぎは外皮から中身を押し出していただく。

野菜の蒸し焼き
調理時間20分+放置時間50分

材料（2人分）
- かぶ……………1個
- れんこん………1節
- 長いも…………15cm
- オリーブ油 … 小さじ1
- 塩………………適量
- ┌梅干……………2個
- │（種を取り除いて包丁で刻む）
- │はちみつ………小さじ1
- │しょうゆ（薄口）…小さじ1
- └EXVオリーブ油 … 大さじ1

作り方
1 根菜は、洗って塩をまぶす。鍋にオリーブ油を熱し、かぶの葉以外を並べる。ふたを閉めて、鍋が熱くなれば弱火にして5分加熱し火を止めて20分放置する。
2 ふたを開け、「野菜の向きを変えて中火にかける。鍋が熱くなればふたを閉めて弱火で5分加熱する」。火を止め20分放置する。再びふたを開け、かぶの葉を加え、これを繰り返したら、火を止めて10分放置する。
3 野菜を切り分けて皿に盛り、仕上げに混ぜ合わせた梅肉ドレッシングをかける。

蒸し野菜のフォンデュ風
調理時間20分+放置時間30分

材料（2人分）
- トレヴィス ……………1/2個
- カリフラワー …………1/4株
- さつまいも ……………1/2本
- モロッコいんげん ……4本
- カマンベールチーズ … 1個
- バター ………… 大さじ2
- 生クリーム ……… 大さじ3
- 塩、こしょう …… 各少々

作り方
1 トレヴィスは半分に切り、水に浸けて洗い、水分をきる。カリフラワーは小房に分ける。さつまいもは1cm厚さの輪切りにする。モロッコいんげんはすじを取り、斜め半分に切る。
2 鍋にバターを熱し、いんげん以外の野菜を焼き、生クリーム、塩、こしょうを加えからめる。ふたを閉め弱火で5分蒸し焼きにし、火を止めて20分放置する。野菜を裏返し、ふたを閉めて5分蒸し焼きにする。
3 ふたを開け、いんげんとチーズをのせて塩、こしょうを振る。火を止めてふたを閉め、10分放置する。

ミニパプリカの詰め物 調理時間30分+放置時間40分

ふたを開けるとカラフルなパプリカがいっぱい！
野菜が苦手な子供たちも、つい食べてみたくなる楽しさです。お弁当にもおすすめ。

材料（2人分）

- ミニパプリカ ………… 10個
- 玉ねぎ ………………… 1個
- なす …………………… 2本
- にんにく ……………… 1/3片（みじん切り）
- ミートソース ………… 200ml
- 赤ワイン ……………… 大さじ2
- モッツァレラチーズ … 1個（水分を拭き、5mm角）
- タイムの葉 …………… 1枝分
- オリーブ油 …………… 大さじ1
- 塩、こしょう ………… 各少々

作り方

1. ミニパプリカは、上から1cmのところを、横にへたごと切り、種とわたを取り除く。
2. フライパンに、にんにくとオリーブ油小さじ2を入れて熱し、香りが出れば玉ねぎとなすを炒める。さらにミートソース、赤ワインを加えてアルコール分を飛ばす。
3. タイムの葉、モッツァレラチーズを混ぜ、塩、こしょうで味を調え、1のパプリカに詰める。
4. 鍋に2の残りのオリーブ油を塗り、パプリカを並べ、へたでふたをする。
5. 4を中火で熱し、鍋が熱くなったら、「ふたを閉めて弱火で5分火を通す。20分放置する」。これを再度繰り返す。

保温力の強いストウブの鍋は、
揚げ油の温度が保たれるため、
少ない油でも、表面はカラリ、中はしっとり。
芯までしっかりと火が通ります。

Part4

揚げる

ラップの上から、押さえるように包みます。卵白がまんべんなくついていないと、うまくつかないのでていねいに。

さといものてんぷら　調理時間30分

素材の中まで、じっくりと火を通すため、生のさといもほっくりと揚がります。
ねばりの成分ムチンも逃さないので栄養効果もばっちりです。

材料（2人分）

さといも	小8個
（皮をむき、塩を揉み込んで洗う）	
片栗粉	大さじ1
卵白	1個分
コーン（缶）	大さじ3
枝豆（冷凍でも可）	大さじ3（粗切り）
カレー塩	塩：カレー粉 =2:1
抹茶塩	塩：抹茶 =2:1
揚げ油	適量

作り方

1. さといもは片栗粉をまぶし、ほぐした卵白に通す。
2. コーン、枝豆はそれぞれ4等分する。ラップにコーンの1/4をおいて、さといもをのせ茶巾のようにくるむ。枝豆も同様にする。
3. 鍋に油を入れて170℃に熱し、さといもを加えてふたを閉める。弱火で数分、じっくりと火を通す。ふたを開けて油の温度を180℃に上げて、カラリと揚げる。
4. 器に盛り、仕上げにカレー塩、抹茶塩を添える。

もも肉がソミュール液の中に完全に浸かっているようにしましょう。浮いてしまう場合はラップをぴったり張りつけて。

鶏骨付きもも肉のコンフィ

調理時間40分＋放置時間90分

コンフィはヨーロッパで生まれた肉の保存法。浸けた油で焼き直していただきます。
にんにくやじゃがいもを一緒に焼いて添えても。

材料（2人分）

鶏骨付きもも肉	2本
ソミュール液	
にんにく	1/2片（叩きつぶす）
タイム	1枝
ローリエ	1枚
クローヴ	1本
こしょう（黒）	4粒　鍋底などで砕く
水	500㎖
三温糖	大さじ1
粗塩	大さじ1.5
サラダ油	約800㎖
ミックスベビーリーフとカラフルプチトマトのドレッシング和え	適量

作り方

1 ソミュール液の材料を鍋に入れ、沸かして冷ます。鶏骨付きもも肉をソミュール液に浸ける。肉がソミュール液から浮いて出ないようにラップを密着させ、冷蔵庫で24時間おく。

2 ソミュール液をざるでこし取り、肉と固形物は水分を取って鍋に入れる。

3 肉が完全に浸かるまでサラダ油を注ぎ、火にかける。肉の色が変われば、「ふたを閉め、弱火で5分火を通す。火を止めて30分放置する」。これを2回繰り返す。

4 フライパンに、3で使った油大さじ2を入れて熱し、取り出した肉を加え、表面をこんがりと焼く。

5 4の油をよくきって器に盛る。仕上げにミックスベビーリーフとカラフルプチトマトのドレッシング和えを添える。

鶏レバーとレモンと丸ごとにんにくの香味オイル

調理時間30分＋放置時間90分

クリームのように柔らかく煮上がったにんにくで、レバーもおいしく食べられます。
つくりおきをしておけば、ちょっとしたおつまみにも便利です。

材料（2人分）
- 鶏レバー ………………… 150g
- 鶏の心臓 ………………… 100g
- 鶏の砂肝 ………………… 100g
- ソミュール液 …………… p53 を参照
- しょうが ………………… 1片（薄切り）
- レモンの皮 ……………… 1/2 個分（薄切り）
- にんにく ………………… 3 株
  （根を落とし水につけて振り洗いする）
- ごま油 …………………… 400㎖

作り方
1. 鶏レバー、心臓、砂肝は冷水で洗い、水分を取る。それらをソミュール液に2時間浸けて水分を拭く。
2. 鍋にごま油、しょうが、レモンの皮を入れ、「70〜75℃に熱する。1を加えてふたを閉め、5分加熱して火を止め30分放置する」。再び火にかけ、これを2回繰り返す。
3. オイルに浸けたまま保存する。鶏はそのままサラダなどに加える他、浸けたオイルでこんがり焼き、柔らかくなったにんにくをつけていただく。

＊にんにくは皮から取り出してつぶし、ディップに混ぜたり、浸けたオイルでこんがり焼いても良いです。オイルも炒め物などにも使えます。

自家製しっとりツナ
調理時間150分＋放置時間30分

材料（2人分）
ツナ（かじきまぐろ、150g×3切れ） …… 450g
にんにく ……… 1片（半分に切り、皮と芽を取る）
ディル ………… 2枝（粗く切る）
ローリエ ……… 1枚
オリーブ油 …… 約400mℓ
塩、こしょう … 各少々

作り方
1 ツナに、塩、こしょうをまんべんなく振り、ディルをまぶす。ラップで包み冷蔵庫で2時間おく。表面に出た水分を洗い流し、キッチンペーパーで水分を拭く。
2 鍋に1を入れ、オリーブ油をツナが隠れるくらい注ぎ、ローリエとにんにくを加える。火にかけ身の色が変わりはじめたら、ふたを閉め、保温のためにごく弱火で5分加熱して火を止め、30分放置する。
3 2を棒状に切りチコリ（分量外）にのせ、薄切りにしたラディッシュ（分量外）を添える。

わかさぎの フレッシュハーブオイル煮
調理時間150分＋放置時間30分

材料（2人分）
わかさぎ ……… 20尾
ソミュール液 … p53参照
ライムの皮 …… 1/2個分
グレープシードオイル … 400ml
フレッシュハーブ（セージ、ローリエ、パセリ、オレガノ、バジルなど） ………… ひとつかみ

作り方
1 わかさぎは、うろこがあれば取り除き、水で洗う。ソミュール液に2時間浸け、水分を拭く。
2 鍋にわかさぎ、ライムの皮、グレープシードオイルを入れて火にかけ70〜75℃に熱する。「ふたを閉めて弱火にかけ保温しながら5分加熱する。火を止め30分放置する」。再び火にかけ、これを2回繰り返す。
3 骨まで柔らかく煮えれば、180℃まで加熱しフレッシュハーブを加える。

こした水分はホエー（乳精）で高タンパク・低脂肪で栄養豊富な成分です。捨てずにスープなどに利用しましょう。

イタリアン・ミートボール 調理時間30分

手作りのカッテージチーズを使った、本格的なイタリア料理です。
ふんわり柔らかに揚がったミートボールはやみつきのおいしさ。

材料（2人分）

A
- 牛挽き肉 ……… 160g
- 生ハム ……… 1枚（粗みじん切り）
- サラミ ……… 15g（粗みじん切り）
- 卵 ……… 1/2個
- パルメザンチーズ 10g（すりおろし）
- リコッタチーズ …50g
  （水分をキッチンペーパーできる）
- ローズマリーの葉 1/3枝（みじん切り）
- 塩、こしょう …… 各少々

- 小麦粉（薄力粉） …… 大さじ2
- オリーブ油 ……… 適量
- トマトソース ……… 150ml
- ズッキーニ
  （輪切りを炒めたもの）… 12枚
- イタリアンパセリ ……… 少々

作り方

1. ボウルに、Aを入れて混ぜる。12等分して丸め、小麦粉をまぶす。
2. 鍋にオリーブ油を深さ2cmほど注いで、180℃に熱する。1のミートボールを並べ、ふたを閉め、弱火で2〜3分加熱する。ふたを開けてひっ繰り返し、さらにふたを閉めて弱火で2〜3分じゅっくりと揚げる。
3. ふたを開け、190℃に熱し高温でカリッと揚げる。油をじゅうぶんにきってペーパータオルに取り出す。
4. 皿にトマトソースを敷く。ズッキーニを並べた上にミートボールをのせ、仕上げにイタリアンパセリを振る。

揚がったとんかつは、よく油をきってから鍋から取り出しましょう。油切り網に一度おけば冷まさず油をきれます。

ミルフィーユ仕立ての梅しそとんかつ

調理時間30分

梅の香りがふわっと広がるさわやかなとんかつ。
薄切り肉を巻いているので柔らかく、ご年配の方も喜んでいただけます。

材料（2人分）

- 豚バラ肉（薄切り）… 140g
- 梅干し ……………… 2個
  （種を取って刻む）
- しその葉 …………… 2枚（せん切り）
- 小麦粉、溶き卵、
  パン粉、揚げ油 …… 各適量
- とんかつソース
  - ケチャップ ……… 大さじ2
  - ウスターソース … 大さじ2
  - マヨネーズ ……… 小さじ1
  - マスタード ……… 小さじ1
- つけ合わせ ………… 各適量
  - ラディッシュ
  - 姫大根
  - 小かぶ
  - キャベツのせん切り
  - さつまいもとりんごを
  - マッシュしたもの

作り方

1. 豚バラ肉を広げて、梅肉をところどころに塗り、しその葉をちらす。肉2枚を使い、2cm幅で四角くなるように巻く。
2. 小麦粉をはたき、溶き卵をつけ、パン粉を押さえるようにしっかりとつける。
3. 鍋に油を入れて180℃に熱する。2を加え、ふたを閉め、弱火で約5分加熱後ふたを開け、190℃に温度を上げる。しっかりと油をきって取り出す。
4. 皿につけ合わせを盛り、立てかけるように3をおき、仕上げにソースをかける。

きのことエビのスパイスオイル 調理時間10分

スペインやイタリアでは熱々が供され、ワインといただきます。
たくさんのオリーブ油もパンにつければあっという間に食べきってしまうほどのおいしさ。

材料（2人分）

マッシュルーム	16個
むきエビ	20尾
にんにく	2片
片栗粉	小さじ1
A　唐辛子（乾燥）	1本
ローズマリー（乾燥）	小さじ1
オレガノ（乾燥）	小さじ1
粗挽き黒こしょう	小さじ1/2
オリーブ油	400ml
塩	小さじ1

作り方

1. マッシュルームは、ハケで掃除をして、変色している部分を取り除く。むきエビは背ワタを取り、片栗粉をまぶして洗い、水分をとる。にんにくは半分に切り、皮と芽を取って薄切りにする。唐辛子は茎と種をとる。
2. 鍋にAとにんにくを入れて170℃に熱し、香りが出るまで2〜3分じっくり火を通す。
3. にんにくが、少し色がついてくれば、180℃に上げマッシュルーム、エビを加えて2分加熱する。バゲットなどを添え、オイルをつけながらいただく。

ストウブの鍋は温燻、冷燻も可能です。
しかも、内部は丈夫で汚れのとれやすい
黒マットエマイユ加工がされているため、
燻製後のお手入れがとても簡単です。

Part5
燻製

温燻の方法

写真は骨付きラム肉

材料は完全にソミュール液に浸かるようにします（写真は豚肉）。

乾燥が完了すると表面はこのようになります（写真は鴨肉）。

鍋にアルミホイルを敷いた上にスモークチップを散らし、網をセットします。

豚肉の燻製

調理時間15分+放置時間60分 2日ソミュール液に浸ける時間、半日乾燥させる時間除く

温燻の方法を、豚肉を例にしてご説明します。

材料（2人分）

豚バラ肉（ブロック）… 300g
ソミュール液 ………… p53 参照
スモーク材
　桜のチップ ………… 3つかみ
　砂糖 ……………… 大さじ1

作り方

1. 豚バラ肉は、金串などで無数に穴を開け、ソミュール液に2日浸ける。水分を拭いて網にのせ、風通しの良い冷暗所か冷蔵庫の冷気の当たる場所で半日乾かす。
2. 鍋にアルミホイルを敷きスモーク材の1/3量を散らして、網をおき豚肉をのせる。「火にかけ、煙が出てきたらふたを閉める。弱火で約5分加熱して火を止め、30分放置する」。ふたを開け、アルミホイルを替え、豚肉の向きを変えて、これをを2回繰り返す。
3. 肉の中心温度が70℃になればでき上がり。注意：鍋の中の温度が80℃を超えないようにすること。
4. 冷暗所で1日置き、味を落ち着かせる。完全に冷めたら、ラップで包んで冷蔵庫で保存する。

手づくりベーコンであれば、短冊切り以外にもサイコロ切りなど、お好みの大きさに切ることができて、とても便利です。

スパゲッティ・カルボナーラ

調理時間15分

手づくりの豚肉の燻製（p60参照）でつくるカルボナーラ。
豊かな香りと芳醇な味わいを堪能できます。

材料（2人分）

スパゲッティ（直径約2mmのもの） … 120g
豚肉の燻製 …………………… 60g（短冊切り）
（ボウルに混ぜておく）

A ┌ 卵黄 ……………………………… 2個分
 │ パルメジャーノ・レッジャーノ …… 15g
 │ （すりおろし、仕上げ用に少し取り分ける）
 └ 生クリーム ……………………… 60g

塩 ………………………………………… 少々
黒こしょう（粗挽き） …………………… 少々
バター …………………………………… 少々

作り方

1 鍋にバターを熱し、豚肉の燻製を加えてカリカリに炒める。
2 たっぷりのお湯に粗塩（分量外）を加え沸騰させる。スパゲッティを入れ、歯ごたえのある状態にゆで、ざるに上げる。
3 2を1に移し、Aを加えて混ぜ、手早く味を調える。水分が足らない場合は、ゆで汁で調節する。皿に盛り、仕上げに黒こしょうとチーズを散らす。

ラムと鴨の燻製

ラム●調理時間**10分**＋放置時間**60分** 1日浸ける時間と半日乾かす時間は除く。
鴨●調理時間**10分**＋放置時間**10分** 3時間浸ける時間は除く

ラムと鴨は共通のソミュール液を使っていますが、
お好みでハーブなどを加えて我が家の味をお楽しみください。

材料

鴨
鴨の胸肉……………… 1枚
ソミュール液 ………… p53 参照
桜のチップ …………… ふたつかみ
紅茶…………………… 小さじ2

ラム
骨付きラム肉 ………… 400g
ソミュール液 ………… p53 参照
桜のチップ …………… ひとつかみ
砂糖 …………………… 小さじ1

鴨の燻製の作り方

鴨のすじを掃除する。皮目に切込みを入れ、金串で全体に穴を空け、ソミュール液に1日浸ける。乾燥、および燻煙方法はp60を参照の上、加熱×2回。

仕上げ例
鴨は薄切りにし、くるみドレッシングで和えた野菜と共に皿に盛る。

ラムの燻製の作り方

骨つきラム肉は、背脂を少しそぎ落とし脂に切込みを入れる。骨に残っている脂やすじを包丁でこそぎ落とし、ソミュール液に3時間浸ける。乾燥、および燻煙方法はp60を参照の上、加熱時間5分、放置時間10分。

仕上げ例
ミックスきのこは、ガーリックオイルで炒めイタリアンパセリを加える。ラムの燻製は骨1本ずつに切り分け、背の脂を中心に周囲をこんがり焼き、1にのせる。

タコ、ホタテ、カキの冷燻

調理時間10分＋放置時間10分 ソミュール液に漬ける時間、乾燥させる時間除く

タコ、ホタテ、カキは下ごしらえの方法は、それぞれ違いますが、
同じレシピのソミュール液を使って冷燻にします。

材料（2人分）

ゆでタコの足	1本（ソミュール液に半日浸ける）
ホタテの貝柱	6個（ソミュール液に1時間浸ける）
カキ	250g
（p48 洗い方を参照。ソミュール液に1時間浸ける）	
ソミュール液	p53 参照
桜のチップ	ふたつかみ
紅茶	小さじ2

作り方

1 タコは、水分を拭いて網にのせ、風通しの良い冷暗所か、冷蔵庫の冷気の当たる場所で半日乾かす。p60を参照し、加熱時間5分＋放置時間30分を2回繰り返す。

2 ホタテはソミュール液ごと火にかけ、軽く火を通したあと、1と同様にする。

3 カキは沸騰した湯でさっとゆでて取り出したあと、1と同様にする。

仕上げ例
タコは、すだちのスライスにのせ、いくらを飾る。
ホタテは、焼きのりを巻き、キュウリと共に盛る。
カキは8mm厚さに切り、貝われ菜の上にのせ、ゆずの皮を散らす。

冷燻の適正温度は32℃。鍋に手で触れてみて温かく感じたら温度は上がり過ぎ。すぐに鍋ごと氷水に浸けて冷やします。

サーモンの冷燻　調理時間270分 －日浸ける、半日乾燥させる時間除く

冷燻のポイントは熱を上げすぎないこと。
しっとりした口当たりも、スモークウッドを使えば手軽にでき上がります。

材料（2人分）

サーモン（刺身用）……… 400g
（以下材料をラップをバットに合わせておく）
A ┌ 塩 ………………… 50g
　│ 砂糖 ……………… 5g
　│ こしょう ………… ひとつまみ
　└ ディル …………… 2枝（粗みじん切り）
スモーク材
　桜のスモークウッド … 3cm×3cm角

仕上げ例
サーモンの燻製を薄切りにし、ケイパーベリーとディルの葉を添える。

作り方

1 サーモンに金串で無数に穴を空ける。まんべんなくAをすり込み、ラップで包んで冷蔵庫で1日置く。

2 1を溜め水で洗い、はしを少し食べてみて塩辛いようなら、少し水に浸けて塩抜きをする。水分を拭き、網にのせて風通しの良い冷暗所か、冷蔵庫の冷気の当たる場所で半日乾かす。

3 鍋にアルミホイルを敷きスモークウッドをのせて点火し、網をのせてサーモンをおく。ふたをほんの少しずらし、すき間からうっすら煙が出る状態で4時間放置する。

4 鍋が人肌よりも熱くなってきたら（約32度がベスト温度）鍋ごと氷水で冷やす。スモークウッドが燃え尽きたり、途中で火が消えていないか確認すること。全体がしまり、燻製の香りがついたら、ラップなどで包み冷蔵庫で保存する。

冷燻するサーモンとチーズは、鍋のふたをほんの少しずらして燻煙します。ゆらゆらと煙が出ているようにしましょう。

チーズの冷燻

調理時間120分

ふんわりと広がるスモークの香りが、とても上品なオードブル。
温度を上げすぎると溶けてしまうので注意しましょう。

材料（2人分）

チーズ（チェダー） ……… 120g
桜のスモークウッド …… 3×2cm角

作り方

1 鍋にアルミホイルを敷きスモークウッドをのせて点火し、網をのせてチーズをおく。
2 ふたをほんの少しだけ開けておき、ゆらゆらと隙間から煙が出る状態で2時間放置する。鍋を触ってみて、熱くなりすぎていたなら鍋ごと氷水に浸けて冷やす。
3 燻製の香りがついたら、ラップなどで包んで冷蔵庫で保存する。

仕上げ例

1 チーズの冷燻、ピクルス、プチトマトをピックで刺す。
2 ガーリックトーストに、プリーツレタス、ゆで卵、ポテトサラダ、オリーブをのせ、1を刺す。

厚揚げと野菜の燻製

厚揚げ ● 調理時間10分＋放置時間10分　半日おいておく分は含まない
野菜の燻製 ● 調理時間20分＋放置時間10分

珍しい厚揚げと、野菜の燻製。
サラダに加えるとリッチな味わいになり、
食べ応えを感じられるのでダイエットにも効果がありそう。

材料

厚揚げの燻製
厚揚げ‥‥‥‥‥‥‥ 1丁
(以下材料を合わせておく)
味噌だれ
　┌ 赤味噌 ‥‥‥‥ 大さじ2
　│ みりん ‥‥‥‥ 小さじ2
　└ 砂糖 ‥‥‥‥‥ 小さじ2
桜のチップ ‥‥‥‥ ひとつかみ
砂糖 ‥‥‥‥‥‥‥ 小さじ1

野菜の燻製
新じゃがいも ‥‥‥‥ 4個
(よく洗い竹串が刺さるまで塩ゆで)
アスパラガス ‥‥‥‥ 2本
(薄くすじを取り、斜めに切って塩ゆで)
カリフラワー ‥‥‥‥ 1/4株
(小房に分けて塩ゆで)
桜のチップ ‥‥‥‥‥ ひとつかみ
茶葉 ‥‥‥‥‥‥‥‥ 大さじ1

作り方

1. 厚揚げを味噌だれと共にビニール袋に入れて、たれをからめ、半日おいておく。表面の味噌を取り除く。

2. 鍋にアルミホイルを敷き、スモーク材を敷いて網をのせ、厚揚げをおく。強火にかけ、煙が出てきたらふたを閉め、中火で3分加熱し、火を止めて10分放置する（野菜は 2 のみ）。

仕上げ例

すだちしょうゆだれ(以下を混ぜておく)
　しょうゆ…大さじ2
　すだちの絞り汁…大さじ1
　ラー油…小さじ1
皿に好みの生野菜を盛り、食べやすい大きさに切った厚揚げと野菜の燻製をのせ、すだちしょうゆだれをかける。

ふたを開けた瞬間に立ち上る、
うっとりするほどの香り。
日本人なら、思わず歓声が上がる
「かまど炊きのごはん」を
再現することができます。

Part6
炊く

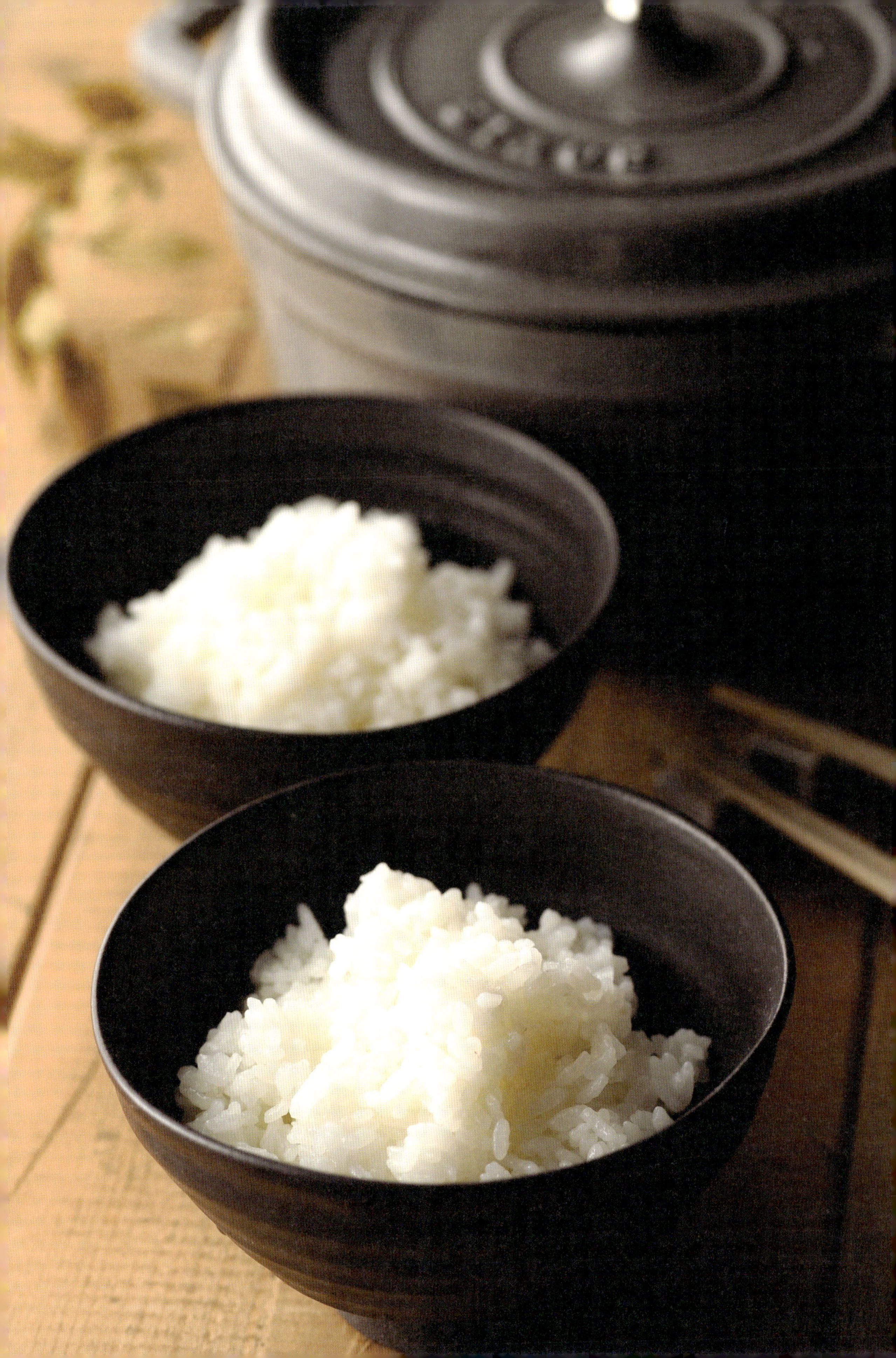

ご飯 調理時間50分+放置時間10分

ピカピカの白いご飯は、日本人にとって、いちばんのごちそう。
うんとおいしく炊き上げれば、みんな笑顔で「いただきます!」

材料（2人分）
米……………………… 2合
水……………………… 432㎖

作り方
1. 水をボールに入れて米を一気に加え、大きく2～3回かき混ぜて白濁したら、糠臭い水を吸収する前に手早く濁った水を捨てる。
2. 両手のひらの間で米をこすりながら、押し出すようにとぐ。たっぷりの水を入れて軽く混ぜてすすぐ（押しすぎると米が割れ、湯でとぐと糠臭い水を吸収しやすくなるので注意!）。
3. 2を、水が澄むまで繰り返す。
4. ざるに上げ、ぬれ布巾をかぶせて約30分水分を吸収させる（この場合、吸水した洗い米と同量の水を加えて炊く。利点は、古米でも新米でも、均一な硬さに炊ける）。または、分量の水に約30分浸けて吸水させる（米の1.2倍の水を入れて炊く。生米1合に対して、216㎖の水を入れる。1カップは200㎖で、1合は180㎖なので、注意する。ただし、10月の新米の場合、水分を少なくする）。
5. 鍋に米と水を入れてふたをして、強火で沸騰すれば、弱火にして10分炊く。おこげが好きな場合は、仕上げに、パッと強火で余分な水分を飛ばして香ばしい香りをつけ、火を止める。
6. 約10分蒸らし、切るように上下を混ぜて供する（蒸らしすぎると冷めてしまい、余分な水滴が落ちるので、炊き立てを供します）。

米は洗ってすぐに炊くと、米が均一に水分を吸収しないために、芯が残る場合があるので、必ず吸水させてから火にかける。

水を加えたら、全体をしっかりと混ぜます。手早く、しゃもじで表面を平たく整えてふたをしましょう。

玄米おにぎり

調理時間40分+放置時間10分

玄米はぱさついているから苦手という方が少なくありません。
ストウブの鍋なら、もっちり玄米ごはんで、おにぎりもにぎれます。

材料（2人分）

玄米	360g
水	500mℓ
塩	適量
焼きのり	1枚
漬け物	適量

作り方

1 玄米は洗ってざるに上げて水分を良くきる。
2 鍋に、玄米、400mℓの水、塩少々を入れてさっとかき混ぜて平らにして、強火にかける。
3 沸騰したらふたを閉め、弱火にして15分炊く。
4 ふたを開けて水100mℓを加えて全体を混ぜてふたをして弱火で10分炊く。火を止めて10分放置する。
5 ラップに軽く塩をして玄米ご飯をのせてお結びの形ににぎり、6等分に帯状に切った焼きのりを巻く。お好みで漬け物を添える。

鯛は切れ目を入れてから下味をつけます。魚の生臭さを、余分な水分とともに落としてから、さっと焼きます。

ふっくら香ばしい鯛めし

調理時間60分+放置時間10分

愛媛県の郷土料理である鯛めしは、丸ごと1尾の鯛が入った豪華なご飯です。
うどを加えて、あっさりと。

材料（2人分）

米	2カップ
鯛	1尾
うど	5cm
浸け汁	
みりん	小さじ2
酒	小さじ2
薄口しょうゆ	小さじ2
だし汁	洗い米と同量
酒	大さじ1
塩	小さじ1
薄口しょうゆ	大さじ1

作り方

1 鯛は内臓、うろこを取り洗う。皮目に切込みを入れて浸け汁に約30分浸ける。途中で裏表を返す。魚焼き網で両面をさっと香ばしく焼く。うどは皮をむき、短冊に切る。酢水に5分浸け、水分をきる。

2 鍋にだし汁を張り、酒、塩、薄口しょうゆを入れてひと混ぜして、洗い米と鯛を加え、強火にかけ、沸騰したらふたをして弱火で10分火を通す。最後に火をパッと強くして余分な水分を飛ばしてから火を止め、うどを散らしてふたをして10分放置する。木の芽を飾る。

3 鯛は取り出し、身をはずしてほぐし、ご飯に混ぜていただく。

きのこは洗うと水っぽくなり、旨みも水に流れてしまいます。汚れはハケかぬれ布巾でそっと落としましょう。

きのこのリゾット 調理時間30分+放置時間10分

秋の恵み・きのこのリゾットです。洗米するとスープを吸い込まなくなります。洗わずに調理しましょう。

材料（2人分）

- 無洗米 …………… 1カップ
- きのこ …………… 各40g
  - 山えのき茸
  - マッシュルーム
  - あわび茸
  - 白しめじ
- にんにく ………… 1/2片
- 玉ねぎ …………… 1/4個
- チキンブイヨン …… 400ml
- オリーブ油 ………… 大さじ1
- バター …………… 大さじ1
- パルメザンチーズ … 20g
- 塩、こしょう …… 各適量
- イタリアンパセリ（細切り）、粗挽きこしょう、パルメザンチーズ（すりおろし）… 各適量

作り方

1. きのこは、石づきを取り、ハケで掃除して小房に分ける。にんにく、玉ねぎはみじん切りにする。
2. 鍋ににんにくとオリーブ油をゆっくり熱し、香りが出てくれば、玉ねぎを加えて炒める。玉ねぎの水分がなくなれば、米を加えて炒める。
3. 米が熱くなれば、チキンブイヨンを半量加えて混ぜ、沸騰したらふたをして弱火で5分炊いて火を止めて10分放置する（まだ芯がある状態でストップしておく）。その間に、きのこをバターで香ばしく炒め、塩、こしょうをする。
4. 鍋を開け、残りのチキンブイヨン、きのこ、塩、こしょうを加えて火にかけて全体を混ぜ、米の芯がなくなれば、仕上げにパルメザンチーズを加えて良く混ぜて乳化させてコクを出し、味を調える。
5. 器に盛り、イタリアンパセリ、パルメザンチーズ、粗挽きこしょうを散らす。

具材は最初から加えず、ご飯がほぼ炊き上がったところで加えます。鍋ごとテーブルに出すので美しく並べて。

いわしのパエリア

調理時間30分+放置時間15分

食べるときは、いわしをしっかり混ぜてほぐし、レモンをたっぷり絞ってどうぞ。

材料（2人分）

無洗米 ……………… 2カップ	サフラン ………… ひとつまみ
いわし ……………… 2尾	（乾煎りして粉々に砕く）
なす ………………… 小1本	白ワイン ………… 大さじ
ズッキーニ ………… 1/2本	トマトソース …… 100g
トマト ……………… 小1個	チキンブイヨン … 400mℓ
にんにく（みじん切り）… 1/2片	オリーブ油 ……… 大さじ3
玉ねぎ ……………… 1/2個	塩、こしょう …… 各適量
パプリカパウダー …… 小さじ1	レモン …………… 1/2個
	ディル …………… 少々

作り方

1. なす、ズッキーニ、トマトは5mm厚さの輪切りにする。オリーブ油小さじ2を熱したフライパンで両面こんがり焼いて取り出す。
2. いわしは3枚におろして長さを半分に切り、塩、こしょうをまぶしてオリーブ油小さじ1を熱したフライパンでこんがり焼いて取り出しておく。
3. 鍋に残りのオリーブ油とにんにくを熱し、香りが出てくれば玉ねぎを炒める。玉ねぎの水分がなくなれば、無洗米、パプリカパウダー、サフランを加えて炒める。
4. 白ワイン、トマトソース、チキンブイヨン、塩、こしょう（分量外）少々を加えて沸騰したら火を止めてふたをして5分放置する。
5. ふたを開け、トマト、なす、ズッキーニ、いわしを並べ、ふたをして弱火で10分炊き、火を止めて10分放置する。レモンとディルをのせる。

Part6　炊く

日本の粥と違い、10倍以上の水を使って炊き上げる中国の粥。吸水時間も長くとり、あくまで柔らかく仕上げます。

中華粥、塩卵添え 調理時間50分+放置時間10分

消化が良く目覚めたばかりの胃にやさしい粥は健康維持に役立ちます。
中国では現在でも朝食に粥を食べる人がほとんどです。

材料（2人分）

米………………… 1/2 カップ
（といで水に半日浸けておく）
水………………………… 1.2ℓ
※米：水 =1:10 ～ 20
かつお節………………… 5g
（出しパックに入れる）
塩……………………… 小さじ 2/3
サラダ油……………… 小さじ 1

薬味
┌ ザーサイ（細切り）… 大さじ 2
│ 食べるラー油……… 大さじ 1
│ ピーナッツ
│ （粗みじん切り）…… 大さじ 1
│ 白髪ねぎ…………… 4cm 分
│ 香菜（細切り）…… 1 枝分
│ 春巻きの皮を
└ 揚げたもの………… 1/4 枚分
塩卵
┌ 卵………………………… 1 個
└ 塩麹………………… 大さじ 2

作り方

1 ゆで卵を作り、塩麹に 2 日漬ける、または塩をまぶしておく。米はよく洗って、半日水に浸けておく（花が咲く）。
2 かつお節はだしパックに入れる。鍋に、水を入れて沸騰させ、水分をきった米、サラダ油を加える。
3 吹きこぼれない程度の中火で時々かき混ぜながら約 1 時間炊く。約半量になり、米が半ばつぶれた状態になれば、だしパックを取り出し、程よい濃さまで煮て、塩で味を調える。
4 器に盛り、塩卵、薬味を上にのせる。

むかごは水を張ったボールで洗います。かき回すと浮いてくるものがあるので、そっと手ですくい取り除きましょう。

むかごご飯

調理時間50分+放置時間10分

「むかご」とは山いもの種のことで、秋の味覚のひとつです。
ごはんに炊き込むと、もっちりと、香りの良い味わいとなります。

材料（2人分）

米……………… 2カップ
むかご………… 100g
しょうが ……… 一片
水……………… 洗い米と同量
酒……………… 大さじ1
塩……………… 小さじ1/2
薄口しょうゆ … 小さじ1
昆布…………… 10cm角

作り方

1 米はといでざるにあげ、ぬれ布巾をかぶせて30分おく。しょうがは針しょうがにして水にさらして水分をきる。
2 30分後の洗い米と同量の水を量る。むかごは水を張ったボウルに入れ、浮いたものや虫食いなどを取り除く。塩をまぶしてこすり洗いして水気をきる。
3 鍋に水、酒、塩、薄口しょうゆ、むかご、昆布を入れて混ぜ、米を加えてひと混ぜして、米を平らにする。
4 強火にかけ、沸騰したらふたをして弱火にかけ、12分炊き、火を止めてしょうがを散らし、10分放置する。
5 昆布を取り除き、全体を混ぜ、茶碗によそう。

ふっくら中華おこわ

調理時間50分＋放置時間10分

具沢山の、もちもち中華おこわが、お鍋で簡単に炊き上がります。
五香粉や干しえびの風味が、グルメの舌をうならす本格派です。

材料（2人分）

- もち米 ………… 2カップ
- 鶏もも肉 ………… 60g
- 干しエビ ………… 大さじ2
- ねぎ ………… 大さじ
- しょうが ………… 小さじ1
- 干ししいたけ ……… 1枚
- ぎんなん ………… 4個
- たけのこ（水煮）… 25g
- 鶏ガラスープ ……… 400ml
- ごま油 ………… 大さじ2

調味料
- 濃口しょうゆ …… 大さじ3
- 酒 ………… 大さじ3
- 塩、こしょう …… 各少々
- 上白糖 ………… 小さじ1
- 五香粉 ………… 小さじ1/2

仕上げの調味料
- しょうゆ、ごま油 … 各適量

作り方

1. もち米は良くといでざるにあげて水分を切り、かた絞りのふきんをかぶせて30分おく。干しエビは鶏ガラスープに30分浸けてから、粗みじん切りにする。
2. 鍋にごま油を熱し、粗みじん切りにしたねぎとしょうがを炒め、香りが出れば、干しエビ、鶏もも肉、干ししいたけ、たけのこ、ぎんなんを加えてさっと炒める。さらに、米を加えて軽く炒め、調味料、鶏ガラスープを加える。
3. 底から大きく混ぜ、沸騰したら弱火でふたをして10分火を通す。火を止めて10分放置する。
4. お好みで仕上げの調味料を加える。

ストウブの鍋は
どれも厚く丈夫な鋳鉄でつくられています。
火の通りが均一で、保温力が高いため
短時間の加熱で
素材のおいしさを引き出します。

Part 7 その他

ピッツァ・マルゲリータとフォカッチャ

調理時間20分　生地が発酵する時間除く

もっちりタイプのフォカッチャの生地は強力粉250g、ぬるま湯150mℓ、砂糖5g、塩小さじ1、ドライイースト3gです。

共通生地

強力粉	100g	生イースト	2g
薄力粉	100g	ぬるま湯（35℃）	110mℓ
塩	小さじ1		

材料

トマトソース（トマト（水煮）200gをざるでこして煮詰め、塩を加える）……適量

A ┬ モッツァレラチーズ… 100g
　├ パルメザンチーズ（すりおろし）……… 大さじ1
　└ アンチョビ（細切り）…………… 2切れ

バジル………… 2枚
にんにく（薄切り）… 適量
オリーブ油 ……… 小さじ1
塩………………… 少々
（*いちじく ………… 1個）

作り方

1. ボウルにふるった薄力粉と強力粉を入れ、塩、ぬるま湯で溶かしたイーストを入れて混ぜる。
2. 台に出して手でこね、滑らかになれば丸めて薄くオリーブ油を塗った鍋に入れてふたをする。
3. 18℃くらいの室温で8時間ゆっくり発酵させ、打ち粉をした台にのせて両手でガスを抜きながら円形に整える。
4. 中央を薄く、外側の縁が厚くなるよう、両手を使って伸ばす。鍋に生地をのせ、中央にトマトソースを塗る（*フォカッチャは生地を二次発酵させて、オリーブ油を表面に塗る。指で穴を空け、1cm角に切ったいちじくを埋め、210℃のオーブンで約20分こんがり焼く）。
5. Aを散らし、にんにく、オリーブ油を回しかける。直火にかけ、底を一気に焼き、260℃に熱したオーブンで約4分こんがり焼く。バジルをちぎってのせる。

アッシェ・パルマンティエ 調理時間30分

18世紀フランス、飢饉からじゃがいもで人々を救ったパルマンティエさん。
彼に敬意を表し、じゃがいも料理をこう呼びます。

材料（2人分）

- 牛挽き肉……………… 100g
- じゃがいも…………… 2個
- 牛乳…………………… 50㎖
- 玉ねぎ（みじん切り）…… 1/4個
- エリンギ（粗みじん切り）……30g
- 赤ワイン……………… 大さじ2
- ナツメグ……………… 少々
- バター………………… 小さじ1・1/2
- 塩、こしょう………… 少々
- グリュイエールチーズ … 30g
- イタリアンパセリ（みじん切り）……少々

作り方

1. じゃがいもは、塩ゆでして柔らかくなればゆで汁を捨て、潰し、ボウルに、牛乳、塩、こしょう、ナツメグと一緒に加えて味を調える。
2. フライパンにバター小さじ1を熱し、玉ねぎを炒め、牛挽き肉を加えて香ばしく炒め、エリンギを加えて更に炒め、赤ワインを加え、塩、こしょうで味を調える。
3. 型に残りのバターを塗り、2を敷き、1をのせて平らにし、すりおろしたグリュイエールチーズを散らす。
4. 230℃のオーブンで約10分こんがり焼き、イタリアンパセリを散らす。

絞り出し袋がなくても、ジッパー式の保存袋など、代用できます。はしを斜めに小さめに切り取るのがコツです。

カネロニ　調理時間40分

語源はイタリア語の「管」。親指ほどの太さの筒状パスタに挽き肉や野菜などの具を詰めて、ソースをかけて焼きあげます。

材料（2人分）

カネロニ …………………… 80g
にんにく（みじん切り）… 少々
玉ねぎ（みじん切り）…… 50g
ベーコン（みじん切り）… 50g
きのこ（粗みじん切り）… 150g
トマトソース …………… 180mℓ
ホワイトソース ………… 150mℓ
モッツァレラチーズ …… 1/2個
パルメザンチーズ（すりおろし）…… 大さじ2
オリーブ油 ……………… 大さじ1
塩、こしょう …………… 少々

作り方

1 カネロニは5分塩ゆでする。
2 フライパンにオリーブ油を熱し、にんにく、玉ねぎ、ベーコンを炒める。きのこを加えて炒め、塩、こしょうで味を調え、絞り出し袋に入れ、カネロニに絞って詰める。
3 鍋にトマトソースを流し、カネロニを並べ、ホワイトソースをかけ、5mm角にカットしたモッツァレラチーズ、パルメザンチーズを散らす。
4 220℃のオーヴンで約20分こんがり焼く。

オムレツのはしを、シリコンや木ベラなどを使って持ち上げるように整え、きれいな形になるように仕上げましょう。

スパニッシュオムレツ

調理時間25分

トルティーヤとも呼ばれる具沢山のスパニッシュオムレツ。
かならず、じゃがいもを加えることが特徴です。

材料（2人分）

卵	4個
A　玉ねぎ	1/3個
ズッキーニ	1/3本
じゃがいも	1個
アンチョヴィ（みじん切り）	2フィレ
オリーブ油	小さじ2
塩、こしょう	少々
ケチャップ	適量

作り方

1. Aの野菜は1cm角に切る。フライパンにオリーブ油小さじ1を熱し、玉ねぎ、アンチョヴィ、ズッキーニの順で炒め、塩、こしょうをする。
2. ボウルに卵を割って溶き、ゆでたじゃがいも、1を加え、塩、こしょうで味を調える。
3. 鍋2つに小さじ1/2ずつのオリーブ油を熱し、2を半量ずつ流し、170℃のオーブンで約7分焼く。
4. ジューシーに焼きあがれば、ケチャップを絞る。

グリル野菜 調理時間 適宜

ガーリック油をお好みの野菜に塗って、こんがりと焼き上げます。
肉料理のつけ合わせやサンドウイッチの具にしてもおいしい。

材料（2人分）

鶏もも肉 …………… 1枚
なす ………………… 1本
ズッキーニ ………… 1/2本
パプリカ（赤・黄）… 各1/2個
にんにく（みじん切り）… 1/2片
オリーブ油 ………… 大さじ2
塩、こしょう ……… 少々
バルサミコヴィネガー … 大さじ2
バジルの葉 ………… 適量

作り方

1 なす、ズッキーニは、3cm角に切り、なすは水に浸けてアクを抜き、水分を拭く。パプリカはへたと種とわたを取り、半分に切る。

2 鶏もも肉は、軟骨やすじを掃除する。鶏肉と野菜に塩、こしょう少々（分量外）、にんにく、オリーブ油をまぶす。

3 鍋を熱し、2をこんがり格子模様をつけながら両面焼く。焼きあがれば細切りにして、バルサミコヴィネガー、塩、こしょうで和える。

4 器に盛り、バジルの葉を飾る。

卵のフラメンカ風 調理時間20分

おもちゃのような可愛いらしさですが直火も大丈夫。
お好みの具をのせて、それぞれ焼いてみては？　後片づけも楽々です。

材料（2人分）

卵	2個
チョリソー	2本
トマトの水煮	150g
玉ねぎ	2/3個
にんにく	少々
パプリカ（赤）	1/4個
アスパラガス	1本
オリーブ油	小さじ2
塩、こしょう	少々

作り方

1 チョリソー、トマトの水煮は斜め半分に切る。アスパラガスは薄皮をむき、斜めに切り塩ゆでしておく。

2 玉ねぎはスライスし、にんにくはみじん切りにする。パプリカはへたと種とわたを取り、半分に切る。

3 2つの鍋にオリーブ油とにんにくを熱し、香りが出れば玉ねぎとパプリカを炒める。トマト、塩、こしょうを加え、軽く煮込む。

4 卵を割り入れ、チョリソー、アスパラガスをのせて、塩、こしょう（分量外）少々を振り、180℃のオーブンで4分火を通す。

型に中身を入れたら、必ず冷蔵庫で冷やしておきます。パイ生地は焼いている間にはがれないよう、密着させましょう。

さつまいもときのこのポットパイ 調理時間50分

サクサクのパイを割ると、中からおいしそうな湯気が一気にあふれだします。
大人も子供も大好きなパイ料理です。

材料（2人分）

ハム	40g
玉ねぎ	1個
にんじん	1本
さつまいも	1本
舞茸	40g
チキンブイヨン	200mℓ
豆乳	200mℓ
バター	大さじ1
溶き卵	1/2個分
塩、こしょう	少々

＊パイ生地（冷凍パイシート）……100g
2mm厚さに伸ばして冷蔵庫に入れ、使う直前に13cmの円形にぬく

作り方

1 ハムは1cm角に切る。玉ねぎ、にんじん、さつまいもは一口大に切る。
2 鍋にバターを熱し、ハム、玉ねぎ、にんじんを炒め、しんなりしたら、さつまいも、小房に分けた舞茸を加えて炒める。さらに、チキンブイヨン、塩、こしょうを加えて、野菜がほぼ柔らかくなれば、豆乳を加える。
3 冷水をあてて冷まし、型2つに入れる。縁に卵を塗ったパイ生地をかぶせ、空気が漏れないよう型と密着させる。表面にも溶き卵を塗る。
4 200℃のオーブンで約20分こんがり焼く。

クリームがきれいな緑色になるように、ほうれん草の固まりが残っていないか、鍋に入れる前にきちんとチェックしましょう。

春巻き皮のカップグラタン 調理時間40分

パリッと焼けた春巻きカップに、クリーミーな魚介ソースがたっぷり。
おもてなし料理にもなる、おしゃれなグラタンです。

材料（2人分）

春巻きの皮	2枚
エビ（ブラックタイガー）	4尾
サーモン	60g
ゆでタコ	40g
いか（ミニ甲いか）	4杯
ブロッコリー・カリフラワー	各25g
ねぎ	1/2本
A ┌ ほうれん草（粗切り）	20g
└ 牛乳	300mℓ
薄力粉	大さじ2弱
白ワイン	大さじ2
バター	大さじ1
塩、こしょう	少々

作り方

1 エビは背わたを取り、殻をむく。サーモン、ゆでタコは一口大に切る。ブロッコリーとカリフラワーは小房に分けて塩ゆでしておく。

2 ミキサーにAを入れて粉砕する。鍋にバター（分量外）小さじ2を溶かし、薄力粉を色つけないように炒める。火を止めて牛乳を一気に加えてよく混ぜる。混ぜながら火にかけ、滑らかなソースを作る。

3 鍋にバターを熱し、1cm幅の輪切りにしたねぎを炒めたら、1の魚介、いかを炒め、白ワインを加える。さらに2、1の野菜をあわせ、塩、こしょうで味を調える。

4 春巻きの皮に溶かしバターを塗り、ココットに敷き、4を流し入れ、180℃のオーブンで10分こんがり焼く。

板ゼラチンは、弾力が出てくるまでしっかりと水で戻します。水温が高いと溶けだしてしまうので、必ず冷水を使いましょう。

蒸し野菜と魚介のゼリー寄せ

調理時間30分 冷やし固める時間除く

海の幸がゼリーに溶け込んだ、目にも美しい料理です。
とろりとすくえる柔らかさが、おいしさのポイント。

材料（2人分）

パプリカ（赤・黄・オレンジ）……各10g
いんげん……………………10g
アサリ………………………10個
エビ（ブラックタイガー）2尾
レッドキドニービーンズ（水煮）……20g
板ゼラチン……………6g（冷水で戻して、水分を絞る）
チキンブイヨン…………200mℓ
A ┌ ヨーグルト………大さじ2
　├ 生クリーム………大さじ2
　├ レモン汁…………小さじ1/2
　└ 塩、こしょう
ディル………………………適量

作り方

1 パプリカ、すじを取ったいんげんは5mm角に切る。アサリは砂抜きをして、塩をつけこすり洗う。エビは、背わたを取る。Aを混ぜておく。

2 鍋にチキンブイヨンを沸かし、塩、こしょうを振り、1の魚介を入れて火が通ったら取り出し、アサリは殻をはずし、エビは殻をむき、5mm角に切る。

3 2の煮汁に1の野菜、レッドキドニービーンズを入れて火が通れば、火を止めてゼラチンを溶かす。アサリとエビを加えて味を調え、鍋ごと氷水につけて冷やし固める。

4 器に盛り、1のヨーグルトクリームを流し、ディルを飾る。

米は一度に入れず、ぱらぱらと降らせるように加えます。鍋に入れると、すぐに鍋底にくっつきはじめるので注意しましょう。

ココット・デュ・リ・オ・レ 調理時間30分

フランスやスペインでは一般的な家庭料理のひとつです。
冷やしていただいてもおいしい、お米を牛乳で煮込んだデザート。

材料（2人分）

米……………………………… 50g
水……………………………… 100mℓ
牛乳…………………………… 250mℓ
グラニュー糖 ………………… 30g
ヴァニラの種 ………………… さや1/4本分
ドライフルーツ（洋酒漬け）… 大さじ3
ブルーベリージャム ………… 適量
ミントの葉 …………………… 適量

作り方

1 鍋に水、牛乳、グラニュー糖、ヴァニラの種を入れて沸かし、米を振り入れる。
2 時々混ぜながら約20分炊いてほぼ柔らかくなれば、ドライフルーツを加える。
3 程良い硬さになれば、器に盛り、ブルーベリージャムとミントの葉を飾る。

キウイジャム & オニオンジャム 調理時間40〜50分

皮ごと加熱するキウイのジャムは、香りと栄養がそのまま食べられます。
オニオンジャムは肉料理などのつけ合わせにもぴったり。

キウイジャムの材料（2人分）

キウイ（完熟） ………… 小4個
グラニュー糖 …………… 大さじ2
パン ……………………… 適量

オニオンジャムの材料（2人分）

玉ねぎ …………………… 250g
はちみつ ………………… 大さじ2
砂糖 ……………………… 大さじ4
レモンの絞り汁 ………… 大さじ1
パン ……………………… 適量

キウイジャムの作り方

1. キウイは水の中でよく洗い、鍋2つに2個ずつ並べる。ふたをして160℃のオーブンで40分焼く。
2. 竹串がすっと刺さるようになれば、オーブンから取り出してふたをしたまま室温で冷ます。半分に切り、果肉をスプーンでくりぬいて鍋に開け、軽く潰し、グラニュー糖を混ぜる。
3. 火にかけ、時々混ぜながら程よい硬さまで煮る。キウイジャムは冷めると硬くなるので、熱いうちは少し柔らかめで火を止めると良い。

オニオンジャムの作り方

1. 鍋にみじん切りにした玉ねぎ、はちみつ、砂糖を入れて混ぜ、沸騰したらふたをし、時々混ぜながら弱火で30分火を通す。
2. 玉ねぎが柔らかくなればレモンの絞り汁を加えて、ふたを開け、程よい硬さまで煮詰める。

豚肉とナッツのパテ 調理時間70分

フランスでは常備菜のパテは、しっとりとしたテクスチュアに仕上げるために、
ふたつきの器が使われています。

材料（2人分）

鶏レバー	20g
豚挽き肉	150g
にんにく	1/4片
エシャロット	10g
ブランデー	小さじ1
クローヴ、シナモン、こしょう	各少々
塩	小さじ1/2
豚バラ肉の脂身	30g
赤ワイン	20mℓ
チキンブイヨン	20mℓ
ミックスナッツ	20g
バター	小さじ1
タイム	1/2枝
ローリエ	小1枚

作り方

1 鶏レバーはすじや脂を取り、一口大に切り冷水で洗う。バターを熱したフライパンでさっと両面を焼き、すりおろしたにんにくとみじん切りしたエシャロットを加える。軽くソテーをして、ブランデーを加えてフランベして（レバーは、半生の状態が良い）、冷ましてから細かく切る。

2 ボウルにレバー、豚挽き肉、香辛料、塩、5mm角に切った豚バラ肉の脂身を入れて粘りが出るまで混ぜる。赤ワイン、チキンブイヨン、粗みじん切りしたミックスナッツの順で混ぜ合わせる。

3 テリーヌ型に、バター（分量外）小さじ1/3を塗り、2を空気をぬきながら詰め、タイム、ローリエをのせてふたをして、24時間冷蔵庫で寝かせる。

4 室温に戻し、150〜160℃のオーブンで約40分湯煎焼き（型の高さの半分以上湯煎の湯に浸かった状態でしっとり火を通す）にする。焼き上がれば室温で冷まし、1cm厚さに切り分ける。

5 バケットやサラダと一緒にいただく。

泡立てた卵白の空気を、生地から逃がさないよう、レードルですくうときはサクッと一気にとります。

チョコ・フランボワーズのスフレ 調理時間50分

ふーっとふくれた熱々のスフレが食卓に並ぶと、家族の笑顔が広がります。
保温力の強いストウブの器は、幸せが長持ちします。

材料（2人分）

- フランボワーズ ………………… 16個
- A
  - 卵黄 ………………… 2個
  - グラニュー糖 ………………… 45g
- 薄力粉 ………………… 20g
- 牛乳 ………………… 160ml
- チョコレート ………………… 30g 刻む
- 卵白 ………………… 2個
- グラニュー糖（メレンゲ用）………… 20g
- バター ………………… 小さじ1
- フランボワーズソース
  - フランボワーズ ………………… 10個
  - シロップ（水：グラニュー糖 =3:1）… 30ml
  - フランボワーズのリキュール ………… 少々

作り方

1. 鍋にバターを塗り、グラニュー糖をまぶす。フランボワーズを8個ずつ入れる。ボウルにAを入れて泡だて器で混ぜ、薄力粉を加えて混ぜる。
2. 鍋で牛乳をあたため細かく刻んだチョコレートを加え混ぜ、目の細かいざるでこしながら鍋に戻す。泡だて器で混ぜながら火にかけ、沸騰して濃度がついたら火からおろす。
3. 卵白をかきたて、角が立ってくればグラニュー糖を半量入れて、更に泡立て、残りのグラニュー糖を加えメレンゲを作る。
4. メレンゲをひとすくいして3に加えて混ぜ、馴染んだら残りのメレンゲを加えてさっくり混ぜる。180℃に熱したオーブンで約18分湯煎にして焼く。手早く盛り、混ぜ合わせたフランボワーズソースを添えて供する。お好みで粉砂糖（分量外）を振る。

柿は熱いので、フォークを使って放射状に並べます。かなり柔らかくなっているので、くずさないように注意。

柿のタルトタタン風 調理時間30分

直接火にかけられるストウブの鍋だから、レシピ分量を半分にして、
ひとり分のお夜食をこっそりつくることもできます。

材料（2人分）

- 柿……………………… 4個
- バター…………………… 30g
- 三温糖…………………… 40g
- 柚子の皮（すりおろし）……… 1/2個分
- 柚子の絞り汁……………… 1/2個分
- パイ生地（冷凍パイシート）… 100g
  三角に切りフォークで穴を開けて190℃で15分焼く
- ミントの葉 ……………… 少々

作り方

1 柿は皮をむき、12等分のくし型に切る（種がある場合は取る）。
2 フライパンにバターと三温糖を熱し、茶色く色付いてくれば、柿を加える。こんがり焼けて柔らかくなり、水分が飛んでくれば、柚子の皮と絞り汁を加える。
3 鍋2つに柿を並べていき、ソースをかける。パイとミントを添える。

バーナーを使うときは、炎の外側で。スプーンを使うときは、アルミホイルを巻いて使うと、後処理が楽です。

チーズのクレームブリュレ 調理時間50分

「焦がしたクリーム」という名前の通りカリッとした表面のカラメルを割って食べる楽しいデザート。
ねっとり濃厚な味わいです。

材料（2人分）

クリームチーズ	60g 室温に戻す
卵黄	1個
グラニュー糖	15g
生クリーム（室温）	100ml
牛乳（室温）	50ml
ブランデー	小さじ1
アイスクリーム	適量
ディル	少々

作り方

1 クリームチーズは室温に戻したら、ボウルに入れて泡だて器でよく混ぜ、卵黄、グラニュー糖を加えて更に混ぜる。
2 生クリーム、牛乳、ブランデーを溶き伸ばすように加える。
3 鍋2つに注ぎ湯煎にして160℃のオーブンで約15分焼く。火が通れば、湯煎から取り出して氷水で冷ます。
4 食べる直前にグラニュー糖（分量外）大さじ2を全体に振りかけて、バーナーまたは、熱く熱したスプーンなどで短時間に一気に均等に焼く。焼き色がついたら氷水で冷やす。
5 お好みのアイスクリームをのせ、ディルを飾る。

細かいものを並べるときは、菜ばしではなく、竹串2本を箸代わりにすると、滑らず便利です。

パンプディング 調理時間50分

少し硬くなったパンを、牛乳と卵、砂糖に浸けて焼けば、とっておきの焼きたておやつのでき上がり。
小さな子供たちにも安心です。

材料（2人分）

バゲット …………………… 1/4本
A ┌ グラニュー糖 …………… 40g
　│ 卵（Sサイズ）………… 1個
　│ 牛乳 ………………… 200㎖
　│ 黒砂糖 …………… 大さじ1
　└ ラム酒 …………… 大さじ1
バナナ …………… 小1本　輪切り
バター ………………… 小さじ1
ナパージュ ……………… 大さじ2
ピスタチオナッツ（製菓用）…3粒

作り方

1 バゲットは半月に切った5mm厚さのもの14枚をトーストする。バナナは輪切りにしておく。

2 Aを泡だて器で混ぜ合わせ、目の細かいざるでこす。型にバターを塗り、バゲットとバナナを交互に詰め、Aを流し、180℃のオーブンで15分焼く。

3 ナパージュに水を少し入れて熱し、よく混ぜて滑らかになったら表面に塗り、粗みじん切りにしたピスタチオナッツを散らす。

レモンバターケーキ 調理時間60分

思わず誰かに自慢したくなる、すてきな香りのバターケーキ。
焼きたてもおいしいけれど、数日おけばもっとおいしくなるのです。

材料（2人分）

- レモンピール（5mm角）……… 30g
- レモンの皮（すりおろし）…… 1/2個分
- レモンの絞り汁 ………………… 大さじ2
- バター（発酵バター）………… 80g
- 塩 ………………………………… ひとつまみ
- 砂糖 ……………………………… 80g
- 卵 ………………………………… 80g 室温
- 薄力粉 …………………………… 80g
- ベーキングパウダー ………… 1g
- A┌ フランボワーズ、ミントの葉、
  └ ホイップクリーム ………… 各適量

作り方

1. 薄力粉とベーキングパウダーは、合わせて振るっておく。ボウルに室温で柔らかくしたバターと塩を入れて泡だて器で良く混ぜる。
2. 砂糖を少しずつ加えながら良く混ぜる。さらに卵を少しずつ加えながら良く混ぜる。
3. 1の粉を加えて、底からすくうようにさっくり混ぜ、レモンピール、レモンの皮、レモンの絞り汁を加えて艶が出るまで更に混ぜる。
4. 型に合わせてオーブンシートを敷き、3を入れて軽く布巾を敷いた台にたたきつけて大きな気泡をぬく。
5. 170℃のオーブンで約40分焼く。焼きあがったらそのまま冷まし、冷めたら型から出して切り分ける（冷凍も可）。皿にのせ、Aを添える。

しっとりチョコレートケーキ 調理時間20分

私はしっとりした方が好き。僕はさっくりした方！では、両方、焼きましょうね。
可愛いハートの型を使えばお望み通りです。

材料（2人分）

チョコレート	50g
バター	50g
A　薄力粉	30g
ベーキングパウダー	小さじ1/4
ココアパウダー	大さじ1/2
卵（室温）	50g
グラニュー糖	40g
プラム	4個
ブランデー	大さじ1
バター（型に塗る分）	小さじ1/3

作り方

1. 型2つにバターを塗り、Aを合わせて振るっておく。
2. ボウルに刻んだチョコレートとバターを入れて、50℃の湯煎で溶かす。
3. 湯煎からはずし、卵とグラニュー糖を加えて、泡立て器で混ぜる。プラムと1の振るった粉を加えて混ぜ、1の型に入れる。
4. 200℃で約10分、中は半生に焼く（ふたを閉めて焼くと全体がしっとり、ふたを開けて焼くと表面がかりっと焼けて、中がとろりとしている状態）。

デリス・ド・キュイエール
川上文代料理教室 / レストラン主宰
川上文代

幼少の頃より料理に興味を持ち、中学3年生から高校3年生までの4年間、池田幸恵料理教室で料理を学ぶ。大阪阿倍野辻調理師専門学校卒業後、同校職員として12年間勤務。その間辻調理師専門学校・大阪校、フランス・リヨン校、エコール辻東京にてプロの料理人育成に勤める。フランス・リヨン校では初の女性講師となり、フランスの三ツ星レストラン「ジョルジュ・ブラン」での研修も体験。1996年東京・広尾に料理教室を開設。
2010年より東京・渋谷に「デリス・ド・キュイエール / 川上文代料理教室」を主宰。辻調理師専門学校外来講師、食育インストラクター、フードアナリスト、地元の千葉県館山クッキング大使として、各地での公演、テレビやメディアへの出演、食品メーカーの商品開発など多方面で活躍中。『イチバン親切な料理の教科書』（新星出版社）シリーズ12冊や『フレンチ・シンプルレシピ』（主婦と生活社）など著書多数。
デリス・ド・キュイエール http://www.delice-dc.com/

Staff
料理制作　　　　川上文代
料理アシスタント　結城寿美江　山崎里恵　久我知也　小林ゆみこ　石渡ありさ
写真　　　　　　末松正義
装丁・デザイン　　今井佳代
スタイリング　　　秋山景子
ライティング　　　松永梨杏
企画・編集　　　筒井　賢（スタジオダンク）

撮影協力　　　　ストウブ（ツヴィリング J.A. ヘンケルスジャパン）
　　　　　　　　TEL：0120-75-7155
　　　　　　　　AWABEES　　TEL:03-5786-1600

「ストウブ」の
おいしい使いこなしレシピ　　NDC 596

2011年11月28日　発　行
2013年12月10日　第3刷

著　者　　川上文代
発行者　　小川雄一
発行所　　株式会社誠文堂新光社
　　　　　〒113-0033　東京都文京区本郷 3-3-11
　　　　　（編集）電話 03-5805-7285
　　　　　（販売）電話 03-5800-5780
　　　　　http://www.seibundo-shinkosha.net/
印刷所　　（株）大熊整美堂
製本所　　和光堂製本（株）

© 2011 Fumiyo Kawakami
Printed in Japan

検印省略　禁・無断転載
落丁・乱丁本はお取り替え致します。

本書のコピー、スキャン、デジタル化等の無断複製は著作権法上での例外を除き禁じられています。本書を代行業者等の第三者に依頼してスキャンやデジタル化することは、たとえ個人や家庭内での利用であっても著作権法上認められません。

[R]〈日本複製権センター委託出版物〉本書を無断で複写複製（コピー）することは、著作権法上の例外を除き、禁じられています。本書をコピーされる場合は、事前に日本複製権センター（JRRC）の許諾を受けてください。
JRRC〈http://www.jrrc.or.jp〉　E-mail: jrrc_info@jrrc.or.jp　電話 03-3401-2382〉

ISBN978-4-416-81176-4